New 新視野205
window

心的刻意練習

快樂、美好、有意義的人生不只來自「腦力」，
而是需要「心」的力量

艾米 ・ 布洛赫 Amy Bloch ——著
吳宜璇、周玉文——譯

高寶書版集團

謝辭

感謝每一位願意託付信任並與我分享自己的故事的患者。何其有幸，能夠陪伴你們一同經歷這些過程，你們所展現出的勇氣讓我獲益良多。

提筆致謝的此刻，讓我意識到自己是如何難以置信地幸運，能夠與一群富有才能而慷慨的人們共事。沒有你們，這一切都不可能發生。

我要向柯琳．凱普克萊致上最深摯的謝意，妳陪著我一同用愛催生了這本書。妳是一位如此目光遠大而出色的合作夥伴，為這本書梳理出精確的文句和架構。我對妳充滿了感謝。

謝謝持續為本書提供了豐富且令人安心的實用知識的凱琳．卡麥茲．露迪。感謝妳在過程中給予專業的指引，在我需要時聆聽我的憂慮。

感謝聖馬丁出版社的編輯丹妮拉．瑞普。妳看到了這本書的潛力，我由衷感激妳的遠見、不曾動搖的承諾和熱情。

我要對吉兒．蘭克勒和我的支持小組獻上我的愛和爆滿的謝意，妳們的關心和鼓勵是我每一週的奇蹟之源。

謝謝以驚人的才能和專業幫助我建置了網站的黛博拉．施特費拉和湯姆．費格拉。

還有，慷慨地花費時間閱讀本書手稿的：格雷戈里、凱莉、麗莎、以及寶拉。

謝謝我親愛的朋友和同事，感謝你們對於這個計畫給予支持、愛和關注。

感謝我的父母，你們的心為我提供了愛的堅實基礎。

感謝我的女兒艾蜜莉的老師們、治療師、協助者以及每一位對她敞開心的人們。她和我的生命因你們而豐盈。

前言

向來以腦為優先的我，學會了多用心，並且拯救了自己的人生

讓生活美好而有意義的祕密，不在於你怎麼「想」。一如字面上的意思，美好人生的泉源並非來自於思考、智力和腦力。不管我們有多執著於所謂往前邁進的祕訣，是在於想清楚立足點的這個想法，然而事實是，我所知道的最快樂也最有成就的那些人們，會在其中加上某個同樣有力的東西。很幸運地，那「某個東西」正是我們每個人都擁有的，只不過大部分的人過去從未發現過。

如果你和我一樣，曾花了大把時間，透過耗盡腦力去掌控大小事情、應對所有挑戰和機遇、試圖完成任務，也假設你和我一樣，確實曾經以此達致成功，你或許發現到——一如我所察覺的——當我們全然仰賴大腦的同時，將伴隨著過度分析、憂慮、不安以及猶豫不決所帶來的疲憊和癱瘓感。或者恰好相反，過度相信判斷的正確性，以致在看清楚前就付諸行動，因而未能關照整體面向。你可能也注意到了自己會陷入問題泥淖，甚至無法用「卡住」這樣還算正面的詞彙來形容自己的狀態。以及，你與自己或他人多次爭辯，即便你「贏了」，過程中產生的壓力、恐懼和孤獨感也遠超過帶給你的好處。

這是一種過度緊繃的生活方式，用了大量的腦力，卻完全未運用到本書將提及的補充能量：心。

結合心與腦的力量，才是導向美好及有意義的生活的關鍵。

我將我從女兒艾蜜莉身上首次觀察到的一系列巨大力量，定名為心。事實上，艾蜜莉不太像是能成為我的老師的人，人們肯定也不會猜到我是一個主張「心比腦重要」的訊息傳遞者。然而，了解心的力量，這件事改變了我的生活；我所需要知道的所有關於成功、幸福、人生的意義和目的，是我從一個女孩身上學到的，她不會算數找零、自己綁鞋帶或閱讀這本書。但我從中得到的領會，遠比過往學術生涯、精神科醫師訓練、以及我曾嘗試過的自我療癒練習還要多更多。

心在我的生命中以它常見的方式初登場：一次深刻的心碎。我因此覺察到心的存在，而那抽乾了我所有的能量、已知的一切，我陷入徹底的絕望。當我察覺心確實存在，是因為我感覺到它已碎成片片，無法修復——當時我認為我的人生已毀滅，無力再起。

然而，過去二十年間，我對於心以及它的巨大力量有了更多的了解。出乎意料的，在臨危時刻意識到心的存在，並且打從根本拯救了我的人生，這還只體現了心和其可著力或有用之處的一部分而已。更難能可貴的是，我們可以有意識地尋求心的力量，只要我們知道方法。而當我們運用心的力量時，就能解開幸福與成功的祕密，往成就、愛、關係、目標和意義前進。這是美好人生的祕訣。

當然，本書中提及心和腦時，大部分並非指生理或身體構造上的大腦和心臟器官，只是用此比喻來形容我們思考、應對和理解這個世界的不同方式。我所提及的「心和腦」，其作用源頭都來自每個人的大腦。你可以這樣理解，本書所指的心，是在隱喻那些被低估和未被充分利用的大腦能力。對我來說，我盡可能將所謂的心簡化為：心就是艾蜜莉。

在我最艱困、最黑暗的時刻和歲月中，心一直在那裡。從來沒有所謂的心碎，心並沒有碎裂，門兒都沒有。我現在明白了心是不可能破碎的。心會在其他一切崩毀時挺身而出，讓我們振作起來，將事情安排妥當，要我們向前看並且持續前行，甚至，特別是在一切看起來都已如此絕望的時刻。這正像是心如何逐漸幫我度過我人生中那段最嚇人的歷程，即使身臨危機，心仍會運作自如。

從那時開始，我學會了尋求心的力量，即便並未處於窘迫的困境。當我越有意識地探尋心的力量，我也越加發現心能夠達成如此多的成就。心的真正力量展現在每一天的尋常時刻中，在千百萬次的不如意時，為我帶來了我所需要的動力、勇氣、耐性、以及（或者）信心。

這樣的認知，對我生活中的各個面向帶來了巨大的轉變。我過往大半人生都遵循著標準運作機制，幾乎是與心背道而馳，我讓我的腦來領路，也由此獲得不少成功果實，足以讓我不必去想還有另外一種生活方式。

而人生經驗告訴了我，實際上真的有另一種方式，而且也必須有另一種方式才行，因為我的做法已經逐漸走進了死胡同。讓人驚訝的是，這一種以心領路的方式，確實比單獨只用腦要好很多。於是，我將心的力量加入本有的生活技能，與腦相互為用，簡直像是發現並釋放了專屬於我的超能力。心與腦的協力，讓我能夠有更寬裕的反應空間。

當我現在回看事情開始轉變的那一刻，我可以清楚地看到心在我身上發生的作用——它是如何拯救了我，以及我所珍視的一切。我也能清楚看出這一路上，腦是如何試圖想要奪回主導，以及它所不能的原因。

艾蜜莉出生後，被首次放到我手中，我與我美麗的孩子相遇，澎湃的愛意泉湧，強烈到我感覺整個房間在晃動。我曾在艾蜜莉的姊姊出生時體會過這股喜悅，這份狂喜是全宇宙最美麗也最強大的力量，那是源自於心的純淨體驗。

艾蜜莉出生剛過一天，小兒神經科醫生在我女兒的搖籃旁對我宣告：她有腦傷，那份強烈愛意瞬間消逝無蹤。所有的喜悅一掃而空，取而代之的是恐懼、悲傷、內咎和絕望。

我聽著醫生解釋艾蜜莉的腦部天生發育異常，以及將導致的可怕影響——她可能永遠無法走路、說話，還可能有嚴重的智力不足——我很確定我的人生崩塌了。我是如此倚重所謂智力的重要性，根本無法想像在智力不足的情況下，如何還能擁有「美好」人生——不管是對艾蜜莉或是對我來說。

我花了將近整整一年的時間，才重新愛上我的女兒。

這也是腦力徹底耗損，終於讓出空隙，得以讓心擠進來，並且發揮作用所需要的時間。

在聽到醫生可怕的診斷結果後幾天，我和丈夫帶著我們家庭的新成員出院回家，開始了忙著兼顧家中一個幼兒、一個新生兒的日常生活，就像任何人會做的那些，但我腦中有某些時間靜止了，使得大部分的我停滯在那個毀滅性的時刻。麻木淹沒了我，時間長達數週、數月，某些方面更達數年。那隱現於人生中的災難將會吞噬一切，這份確信讓我的思考和感覺能力全數噤聲。我執著地追根究柢，尋找一個又一個「解決方案」，腦中只有一個念頭無限循環：艾蜜莉有腦傷……艾蜜莉有腦傷……艾蜜莉有腦傷。

這樣的經驗純粹來自於大腦的作用，或者更準確地說，那是大腦超出其能力所及、長期加班運轉產生的結果，它所做的其實是在「工作」。這樣的感受延伸出一長串我得研究的問題、該究責的事項、待發掘的成因、重起爐灶的嘗試，以及無數個執行方案和介入療法，企圖修好艾蜜莉，以及修好我自己（很顯然，肯定是我身上也有什麼問題）。

經歷許多個月之後，大腦很明顯地已經竭盡所能。大腦棄守後出現的空檔，心總算再次現身，就像我第一次抱著艾蜜莉時那樣。心一直都在那裡，但腦得讓到一旁，我才能夠感受得到它。

它出現的方式就像它經常做的那樣：在無意之間。

大腦作用得夠久了，我突然感受到心。有那麼一刻，我還整個人陷在困住了我的大腦中，徒勞地想要讓艾蜜莉的腦傷消失，絕望地在又一個不成眠的大半夜裡，對著艾蜜莉拚命搖晃著玩具。艾蜜莉不為所動，她的眼神渙散，小手緊握（她的大腦功能障礙的標誌之一，儘管在那時我們還不知道，從長遠來看，它具有什麼意義）。

但就在下一刻，我以全新的眼光看見了艾蜜莉。

心總是這樣出其不意。現在當我看著艾蜜莉時，我望見的是她傾斜的微笑、軟軟的頭、身上的寶寶香味，和她咕咕叫的呼嚕聲。甜美、珍貴、可愛的艾蜜莉，我的艾蜜莉。如此突如其來、幾乎出於生理本能的感應，使我整個人滿溢著這不知來自何處的感受：對於這個孩子的強烈愛意高漲，這個特別而美好的孩子，就在我眼前。艾蜜莉和過去的她並沒有不同，但從我的嶄新視線中看出去卻徹底地轉變了；艾蜜莉當然沒有任何改變。但是我已全然改變。

這是大多數人感受到心的方式：在最開心的時刻和最絕望的低谷。在快樂（比方墜入愛河時）或絕望（比方被宣判了可怕疾病）時，心會不請自來。而要發揮心的最大的影響力，則來自於我們學習如何有意識地在任何時刻呼喚它。

艾蜜莉的大腦在該發育的地方，有著水質空隙。她的智力發展落在最低位數區間，腦麻也讓她面臨了顯著的生理挑戰，將會有很多事情令她無能為力。

艾蜜莉確實面對了些許限制，但她做不到的這些事，並無法告訴你艾蜜莉是誰，或者她是怎樣的人。現在已經長大，並且快要完成學業的艾蜜莉，勇敢、富有魅力、專注、自信、高效率、觀察敏銳、樂於參與、有決斷力且令人愉悅，極善於讓人們想圍繞著她。她喜愛烘焙、小博士邦尼（譯註：*Barney*，美國兒童節目）、購物和詹姆斯．泰勒（譯註：James Taylor，美國音樂人）的音樂。她是個費力但意志堅定的閱讀者和游泳員，也是學區辦公室裡極受歡迎的行政助理。

艾蜜莉是我見過最快樂，同時也是最有效率的人。艾蜜莉知道她自己要什麼，並且即知即行，無時無刻都展現著自我，過著最美好的生活。

所有她達成的這一切，並非來自於一個可以全速運轉的大腦。艾蜜莉的力量肯定來自於別的什麼地方。這個想法令人震驚又陌生，我花了幾年的時間才開始逐漸理解，畢竟我曾經如此堅信且不曾質疑：力量來自大腦。

艾蜜莉「源出別處」的力量泉源就是心。我透過觀察艾蜜莉的行為和她本身而察覺到心的存在，因此我為心下了實際定義：心就是艾蜜莉和她的所作所為。心引導著艾蜜莉的所有行為。心之所向驅動了她，心的能量則支持了她。艾蜜莉以心為優先地生活著，相較於將一切交給大腦決定，艾蜜莉是個心強者。

沒有人會比我更驚訝，當我意識到我最希望的就是和艾蜜莉一樣活著。我花了這麼長的時間，祈求著艾蜜莉可以像我、像她的姊姊、像所有其他「正常」的孩子們，但事實上，她才是模範——假使你也尋求深刻的滿足感、務實、自在、喜悅，或任何生活中最珍貴且重要的事物。

我正是如此。這花了我好長一段時間才領悟，因為我受困於一貫的關於我「應該」怎麼做的單向思維（「應該」顯然是腦的思考方式，心才無暇被所謂的「應該」打擾）。

隨著艾蜜莉長大，我看著她過生活，對於她面對挑戰和挫折時採取的方式感到震驚，她樂於與人接觸並總能吸引他人靠近，奮力不懈地專注完成她的「大事」，做對時開心，也坦然擁抱錯誤，儘管不能，仍勉力為之，渾身散發快樂氣息，總是保持好奇和喜悅。不可否認地，這正是我自己也擁有的。

由腦來引領我的生活確實帶給我許多成就，但我得承認，它甚至沒能讓我達到艾蜜莉剛開始的那種境界。我逐漸學會如何發掘自己的心，而當我這麼做時，我感受到了我從不知道自己擁有的力量、靈感、好奇心和勇氣。

我開始將這樣的念頭，應用到我與家人和朋友間的日常互動。有時這表示我們得討論心的作用，並且試著解釋我正在學習，以及我是如何發現它有用。這也表示讓心來引導我的人際關係。心腦並用地思考，我成為一個更聰明的母親，更有趣而且從容。我改變了看見我的孩子跌倒時的反應，以不同的方式和她們一同分享該做的事情，以及我的想法。

受到我親身經歷的樂觀結果鼓舞，我開始思考如何將心的概念應用到工作上，應用在我與患者之間。對我來說，這是對心的力量的確認。首先，我發現這有助於我在面對患者時集中心神，這是治療關係的關鍵挑戰。

更重要的是，我可以看到患者們更有效率地向他們最關注的目標前進。特別值得注意的是，當他們透過療程，並且在現實生活中獲得成果時——這正是讓治療發揮效應的關鍵。學習心的力量，顯然幫助人們感覺自己有責任改變自己——不依賴於外部資源或專家（我）來促進他們的成長。因為心已經存在其中，我可以幫助他們找到、理解和重視它，至關重要的是，力量始終存在於他們身上。

以這種方式理解心，改變了我的工作方式。回顧過往接受的訓練，如今對我來說，嘗試透過人們的問題，來為問題定義，似乎已經是個不必要的限制。

我不再以此為足，我希望能幫助人們察覺到他們自己內在的力量和能力。我希望能幫助我的患者們，不僅召喚心的力量，用來度過人生中的關卡，同時也留意到心能帶領我們朝向更廣大的意義、連結與愛。現在我與患者間的治療方式，有很大部分都已超出過往我從精神學科教科書所習得的知識；接下來，當有條路可以持續朝向個人的完滿實現時，為什麼要滿足於只減少或消除那些可能改變生活的痛苦或難題呢？

就像《綠野仙蹤》裡的錫人，我持續地探索著，想找到一直存在於我身上的東西。和錫人不同的是，我並不知道心就是我在尋找的東西；相同的是，心不是哪個巫師變得出來的，因為它早已經是你的了。每個人都擁有心，雖然它可能被知識、文化或長久的積習所掩蓋，但它就在那裡，等著被揭露與察覺，並且準備好要讓你獲得最強大的內在能量，以及一把走向美好人生的鑰匙。

目錄
Contents

第一章

心的力量：心如何幫助你

看到這裡，可能讀者會有些微微恐慌。嗨，以腦為優先的人們！讓我說清楚，甭擔心，我不是要求你停止用腦。腦有著令人驚嘆、非常強大的力量，它是很有用處的；腦是邏輯學家、計算器、組織者、分類器、語言製造者、創造者、保護者……我可以繼續列下去，這樣說吧，我可是腦的超級粉絲。

請容我稍稍解釋一下，這樣你就會明白，當我談到請轉移到心時，絕不是要任何人徹底放棄腦。

即使腦能夠完成許多偉大的事，但它確實有所限制。有時，它會把自己搞得太累，最後當機。有時，它並不適合眼前的任務。有時，它反而是個阻礙。還有一些則是腦根本不會知道的事。

有一種智慧源起於心深處。十七世紀的法國哲學家帕斯卡（Blaise Pascal）對此曾提出看法，直至今日，我認為他的言論仍有一定道理：「心自有其原因，理性一無所知。」

心和腦都是人寶貴的資源。我從艾蜜莉身上學習到心的力量，我在我自己的生活中，體驗到心和腦結合的力量。

心擁有腦所沒有的大量知識，還提供了一整套你會需要的能力——幫助你完成那些你非常希望能夠做到，但就算耗盡腦力也做不到的事情。要獲得這些助力，通常意味著得將腦先放一邊；你不需要將腦關閉或丟棄，但有時你確實需要讓腦往後退一些！

在以腦為優先的世界中，這很難理解，因為不管發生什麼事，我們通常都會向腦求助。腦是槌子，待處理的一切問題則像是待敲擊的釘子，差不多就類似這樣的關係，我們總是假設腦是負責應對一切、應付任何事的必需品。

和心相比，我們也傾向更重視腦。甚至可能認為心是一種負擔——是怯懦、不可靠或脆弱的。我們對心存疑，認為它將使我們變得軟弱，正如蒂娜透納的一首老歌：當心會碎時，誰還需要它？

當我們將自己局限於蒂娜的觀點，或者當我們讓腦成為掌握一切和最終答案的主人時，我們會錯過一些事，認為自己知無不盡，並已竭盡所能，也會錯過某些人生的關鍵面向；我們不會得到全貌，手中的工具箱並不完整，也並未如我們真正所能的那樣，能夠收穫豐富和具有效率，或者感到快樂和滿足。

當人們堅持認為用腦是最好的方式時，可能會在社會層面上產生更大的問題。當人們確信腦最棒，接著就會認為使用腦的自己肯定是最好的，並認定非典型用腦的人是少數，這正是西方思想史上曾面臨的漫長而黑暗的發展軌跡。

關於這個問題的討論，超出了本書的範圍，但可以參照的是，對於心的同等重視和運用，能在個人層面上避免落入黑暗處境。只優先以腦運作為重，不僅會造成大規模的全球性問題，也會為當下、日常生活中的個人帶來問題。向心探求，我們可以轉化和保護世界，以及我們自己。

這是個以腦為優先的世界

我對於艾蜜莉的反應是說明腦如何主導世界的極佳案例，一切就如我在生活中所體現的那樣。

我之所以立刻確信艾蜜莉的腦傷對於她、我和全家人來說是徹底的災難，因為我相信人生中所有事都立基於腦。不僅是相信而已，我知道是這樣。我完全不假思索，認為就是這樣，因為這是世界向我展示的樣貌，這是我所見到的、也是事物運作的方式。舉例來說，在幼兒園裡，算術做得慢的孩子們也無法學習體能。我的孩子的入學測試結果，決定了他們會去哪個大學。沒有人實際地告訴我腦是最高價值，但我得到了明確的訊息，我像呼吸一樣地吸收了這個「事實」。

接著是我受的專業訓練，為腦提供了一批龐大的啦啦隊。首先，我發現我可以用相同的方式獲致成功：用腦。其次，我研究的是活生生的、解剖學上的腦功能。第三，也是最重要的一點，我受的是一個堅實的、以腦為基礎的醫學實踐框架下的訓練。在多數情況下，這是正確的——當重點是醫療救治的時刻，這是我在大部分工作中依舊使用的方式。我受的訓練是不要在智識之外尋找解方，而這讓我有了盲點。一個人不會看到、也無法看到他沒有去看的事物。

我曾經花了那麼多年的時間，專注於研究當精密的腦的某些細微分子出錯時，可能會有什麼問題，因此，當我成為艾蜜莉的母親，當我知道她整個腦細胞群都有問題，對我而言簡直是災難！這是我沒有一刻忘卻的想法。腦傾向重複思考，在這種情況下，這個想法持續了很多年。

我整個人被擊垮，猝不及防、悲痛欲絕。我相信我不可能恢復過來，並且也是這麼看待艾蜜莉的。我完全無法幫助我的女兒，我所有的智識——我所受的專業醫療和心理學訓練——都無法解決我面臨的問題。

而我真的全力試圖用我的腦來解決艾蜜莉的「問題」。艾蜜莉和我嘗試了各種測試和訓練、研究和方案、練習和賦能，持續了好幾年，當然，沒有一個辦法能給艾蜜莉一個不同的腦，也沒能治癒我的悲傷。事實上，我越是追求「改善」，就越感到心煩意亂。

我被困了很長一段時間；別無選擇，也無法想像有其他選擇，於是持續用以腦為優先的方式應對。

然而，腦並沒有為這種工作做好充分的準備。因此，儘管我付出了既多且繁的努力，我所做的就只是讓自己陷得更深。在這種情況下，依賴我認為是一切的答案的腦，只讓事情變得更糟。

儘管腦有著許多出色的貢獻，但它只能是一部分。向心探求，有助於讓你的腦表現得更好——讓你變得比只相信腦的時候更強大、更聰明。當我刻意地將心帶入原本以腦為優先的生活當中，讓我不再那麼擔憂，得以在艱難情況下繼續向前，並且不會害怕面對不確定。同時，也讓我能夠更加去愛、感受到愛，回歸我真正想做的事情以及我真實的感受，體驗更多的喜悅和快樂。這些好處仍然只是一小部分，一旦你學會了如何運用心，它在生活的各個層面產生的影響，都將是無法估量的。

談到心的時候我們在談什麼

如果你仔細傾聽，你會發現人們很常談論心，然而我們以腦為優先的文化則型塑了我們如何描述它。對於心，最熟悉的印象是浪漫的，為了情人而展示。這顆心召喚了愛，它柔軟、溫暖、可愛而富有情感，而且很脆弱。

我們對於心的隱喻經常會呈現出脆弱的景象。我們談到心痛和心碎，我們用驚心動魄來形容嚇人的情境，我們哭喊求饒，「我的心無法承受！」我們可能或多或少會將心軟當作恭維——但並不真的希望自己被這樣描述，畢竟知道太心軟是有風險的。

人們談論這些圍繞著心的疑慮，但是並不準確。對我來說，心正相對於軟弱或容易受傷。而就像我們會使用「我全心全意地嘗試」這樣的說法，正揭示了我們是明白這一點的，儘管並不總是那麼有意識地認知到。我們使用的詞彙，直觀地呈現了我們知道心可以為我們做些什麼。

大多數以腦為優先的人，在關注自己或對於他們至關重要的事物時，也經常會提到心。我們深入內心探問，希望了解內心的真實想望，與心進行對話。我們試著敞開心胸，知道在內心深處會有真相，而我們所說出最值得注意的話，會被認為是「發自內心的」。我們鼓勵他人「堅定心意」，崇拜那些「全心拚搏」的弱者，會「全心全意地」追求渴望的事物，相信應該留意「心所想要的事物」。

我們提醒自己，心是我們的核心，並且將之視為重要事物的源頭，是推動我們的力量。

這是艾蜜莉所體現的心，遠超過經典的愛情象徵，包含了更多內在力量，例如：韌性和堅毅、真實、意義和自由、自我認知、同理心、與人的關聯，當然也包括了愛。心提供各式各樣的特定技能、能力和功能，我們通常會在面臨可怕情境的臨界點時發現這些，在任何我們想要的時刻，也都可以運用。

令人驚訝的成就

刻意地運用心，就能夠增加你的力量、滿足感和成功，這是最令我驚訝的作用；因為我在明確的教導下成長，加上周遭環境給予的訊息，我一生中大部分時間都遵循一致的路線，使我從來沒有想過除了用腦，還有其他方式可以達成這些事情。

更令人驚訝的是，心揭示了所謂人生「成就」的具體內涵，跟「贏」或任何競爭都扯不上邊，事實上，它們甚至無法被量化。成績、學位、薪資、頭銜、分數等等，似乎標誌著成就，有時候心會為你帶來這些，但它們永遠不是主要目標。目標是腦所創造出來的，並以此督促你不屈不撓的前進。但是，心明白真正的成長需要在動靜之間平衡。心是開放的，不會固著於單一目標。

心能夠帶給你的特殊能力，與以上任何一種都截然不同。比較像是：

◆ 能夠與不確定感共存
◆ 在痛苦時找到力量、韌性、勇氣、耐力和堅持
◆ 了解你到底是誰、真正想要的是什麼，並了解真相

- 應對痛苦的情緒，不再陷於自我批評和懷疑，不過度依賴外界肯定
- 充分感受愛

當你如本書後續將討論到的內容，更加進入細節時，這張清單將會持續延伸，但這些都是一般主題。心能夠帶給你的，與創造「美好」人生所需要的能力，實際上是相同的。

力量和目的

在艾蜜莉之前，我沒有意識到心是實現我最想要的東西的關鍵。也不曾理解通往成就的路徑，就是去發現深層的力量和目的，去體驗無法想像的愛，以及過更幸福、更有意義的生活。在我原先的人生競賽中，這些並不是我在尋找的里程碑，直到我見證了心如何在我自己、艾蜜莉和我的患者們的生活中展現各式能力，達成我們所想要的事物。

心指出真實的你，而不是你「應該」成為誰。

心讓你明白你自己的價值是無可取代的。

心會幫助你實現對你個人而言的重要目標。事實上，心能夠幫助你釐清對你而言，什麼才是有意義的。

心引導你專注當下。

心讓你保持仁慈，卻不因此處於弱勢。

心幫助你關注問題的各個面向，好讓你做出最佳決定。

心聚焦於每個人的真實自我——不管是面對他人或自己，坦誠以對都是不可或缺的。

心是性能極佳的胡扯探測器。它無法忍受謊言，也不會受其愚弄。心能戳穿屁話！

心是希望的泉源，讓我們相信一切都有可能。你可以仰賴心對於希望的觀察，因為當情況無望，心也會第一個察覺並宣告是時候退出。

心是擺脫恐懼的祕密武器。

心會盡可能介入以解決問題，並且在解決方案不存在時接受它。

心轉變了你的感受──當你進入心，不管你正為什麼感到焦慮、擔憂或愧疚，你會有不同的看法，這些感受會顯得微小、能夠控制。

心讓你充分享受人生，心所在之處即喜悅。

心讓我們了解美好人生的樣貌，即便會遭逢無可避免的痛苦時期。

心讓我們不受困於非得擁有什麼才是完美人生的想法。

無論發生什麼，心將問題視為人生的一部分，而自我長存。即便生活並不完美，心幫助我們應對失敗、失望或失落，並有機會體驗幸福和快樂。心提供了在風暴中找到平靜的能力。心就是暴風雨中的平靜。

當生命處於糟透了的狀態，你需要的是心。當生命處於最佳狀態時，它也是你的依歸。

如何邀請心的加入

有意識地隨時進入心的能力，不一定是天生的。這是一項技能，你可以透過對於心和腦是如何作用的理解，加上學習辨別你處於何者，以及何時需要轉換，來獲得這項技能。

邀請心加入的起點，是開始認知到你已經處於心中的時刻，知道你何時處於心中。每個人都曾處於心中，隨著你更加了解心，你可能會回憶起自己曾有過處於心中的體驗。能讓你銘記不忘的通常是很重要的事情，比如墜入愛河，或做出某個並不常見的重大決定，但你知道這就是你，以及這麼做是正確的。若你更加深入，你會發現更多其實你已處於心間的時刻。可能只是一些小事，比如跳出一個新的點子、意識到自我的某個「真實」面向，或者，總算開始著手進行可怕的工作。也可能是對於自己的愚蠢覺得好笑，或是當你為孩子們發問的難題找到了答案。

你越熟悉進入心中是什麼感覺，就越容易接觸它，你也將更容易知道何時需要心，或是提醒自己轉換入心的好處。

另一個學習邀請心加入的方式，是開始意識到你需要它的時刻，知道何時心可以對你有所幫助，或者是當心不在時，你所受到的影響。當你全然倚靠腦，但說不上來為什麼，對於結果並不是那麼開心；這可能是小事或大事，比如你獲得了不斷努力追求的獎勵或升遷，但立即覺得這沒什麼大不了，或這不是你要的。又或是像我的例子，歡迎了家中的新成員，卻因恐懼而麻木。

如果你能夠辨識出自己何時只使用腦，以及何時這麼做會有所不足時，你就會知道何時該尋求心的幫助。

注意「現象」。只用腦時通常會出現：不安、憤怒和（或）恐懼。這些都是複雜的感受，你不能因此假設這顯示了只有腦在運作，並不存在心的支持，但它們是一個標誌，提醒你停下來自我檢視，這是腦在作用嗎？心可以有所幫助嗎？

還在等什麼呢？大多數人在面臨急迫需求下，即便未經練習，也找到了心。那讓我猜猜，為什麼不這麼做？因為，如果腦工作得好好的，為什麼要改以其他方式？畢竟腦也帶來很多成果。只靠腦運作好像沒啥大問題，至少在我們以成就驅動的文化中，只要事情按照腦的聰明計劃進行就好了。

所以，為什麼不呢？在你需要心的最壞情況出現之前，就選擇從心而為吧。在想要的時刻轉換，你會看見你能從中獲得的事物——不僅在危機中尋求心，而是在每一日的生活、在追求成就中，安放心的存在。因為心不僅可以提供援助，還可以帶來更深刻而豐富的人生體驗。

你越是沉浸在心中，就越容易做到，直到你幾乎是在認為自己需要這麼做時，就能自動切換。關鍵的第一步是，確認是否該是向心探求的時刻，因而不管面對何種情況，你會更容易找到平靜、洞察、耐心和幸福。一旦你知道自己身處何處，轉變會立即發生。

你的心強力有多少？

你可以透過這份問卷，檢視自己在用心和用腦上的高下之分。

腦強者

你通常以腦為優先嗎？看看以下這些內容是否很像是對你的描述：

- ☐ 我依邏輯而行而非直覺。
- ☐ 我總是早一步思考，熱愛縝密計劃。
- ☐ 我會從各個角度考慮問題。
- ☐ 我很有説服力。
- ☐ 在對某個議題做出決定或發表意見之前，我會進行全方位的研究。
- ☐ 我能夠在採取行動前釐清我的想法和感受。
- ☐ 我會抽絲剝繭地思考問題，而非直衝解答。

失控的腦

當然了，以上幾項是以腦為優先時的常見優點，但是當心不完全參與其中時，也會有些缺點。下面列的幾項，是完全以腦為優先的人們經常因此被腦困住的情況。瞧瞧其中是否有哪幾項也點醒了你：

- ☐ 不確定感讓我抓狂。
- ☐ 總是疲於憂慮或感覺遺憾。
- ☐ 經常將自己與其他人進行比較（而且我肯定不在首要位置）。
- ☐ 陷於錯誤中走不出來。
- ☐ 我總是急急忙忙。
- ☐ 嚴苛評斷自己和他人。
- ☐ 我的自我價值基於我的成就。
- ☐ 尋求或接受他人的幫助對我來説很困難。
- ☐ 我無法（或覺得我無法）承受拒絕。
- ☐ 面對挑戰會讓我很快就筋疲力盡。

心行者

也許你已經常處心中，那麼下面這些敘述會比較與你相符。假使這些描述看來很吸引人，但聽來像是另一個人種，別擔心！建立察覺是向心探求的第一步。後面幾章所介紹的簡單策略，將幫助每個人發展向心探求的較佳途徑。

- ☐ 我很清楚我的人生目標。
- ☐ 我很容易去愛。
- ☐ 我自信且積極地追求我最想要的事物。（我知道我最想要的是什麼。）
- ☐ 我很容易笑。
- ☐ 我所說即我所想。
- ☐ 我可以承受生活中不可避免會出現的負面情緒，而不憂慮或迴避。
- ☐ 我不介意說出「我不知道」。
- ☐ 有時我會不假思索地就做出正確決定。
- ☐ 我相信可以從失敗中成長。
- ☐ 面對逆境時，我不會將其視為個人的失敗。
- ☐ 我知道我可以在每個當下感到快樂，不需要等待「適合」的條件—我也明白我不會、也不需要隨時都很快樂。
- ☐ 我知道我夠好，我就是我。

隱藏的心

無論現在的你符合清單上的哪個描述，你都可以成為心強者。心一直都在那裡，在我們每個人的自身當中。我們都和艾蜜莉一樣，心隨我們而生，但經年累月，我們學習著如何將腦的作用發揮到極致，於是傾向於一層又一層地覆蓋住心。在步調快速、高度競爭的世界裡，我們跳過心，忽視、無視、掠過或低估了它。

儘管被徹底掩蓋，心仍沒有離開。只要有此想望，任何人都可以重新找到心。我們不需要去研究或特別把心放到眼前，只需要去深入它就好。向心探求是任何人都學得會的技能，實際上，更恰當的說法是，你必須忘卻任何阻隔了你和心的那些無用想法和習慣，就只要處在心中。因為心已經是你的了。

聽聽科學說法

順道說一句，科學已證實，腦的能力有很明顯的局限。比方，各種研究都顯示，當睡眠不足時，腦會異常虛弱，變得混亂且焦慮或易怒。腦超級不會預測未來（儘管如此，也無法阻止它嘗試這麼做！），面對不確定感時，更是糟糕透頂。腦也不擅於處理失敗——它會對於下一步該怎麼辦感到困惑。心則明白，失敗可能是在輕柔敦促我們朝往另一個新的方向。

也有很多研究在探索心的力量。當然，不見得是用這個名詞，如果你要查找相關文獻，會需要在搜尋引擎裡鍵入大量不同的語詞。你可以透過以下這些主題的相關研究，看出心的力量的整體輪廓，包括正念、設定目標、調適失落、韌性、辯證行為療法、發展準則、樂觀、面對逆境、悲傷和幸福感。你會發現許多研究顯示，即使罹患癌症、阿茲海默症和糖尿病等嚴重且普遍的疾病，一旦意識到人生意義和目標，會為患者的健康情況帶來顯著的改善。其他研究證實，良好的人際關係可以延長壽命；以及，面對痛苦情緒（而不是迴避情緒）能夠減少類似情緒的產生，並整體提高幸福感。科學研究也建議，練習感恩和慷慨大度會有助於你感到更加快樂。大量的訊息都指出，心的好處是如此廣泛而深遠。

心腦相成

要真正發揮心的強大力量，意味著同時運用心和腦；串聯使用兩種知識和思維系統，而不是只單一使用其中一種。當你這麼做時，心可以讓腦平靜下來，但不會因此失去腦的優點。心會幫助腦，將其出色能力集中在腦適合的任務上，避免腦將你陷於過度思考、精神疲憊、埋怨不平、士氣低落和自我批評的錯誤情境中。

當我們的心和腦成為夥伴，我們會得到最好的發展，這可能意味著心和腦同時運轉達致目標，也可能是輪流讓其中一個來主導。而最明顯的變化和最大的突破，會出現在你讓腦靠邊站，由心帶頭的那一刻。

第二章

就繼續游吧：
在艱困中找到力量、勇氣、希望與復原

在經典動畫片《海底總動員》（*Finding Nemo*）中，多莉（由艾倫．狄珍妮配音）解釋，她有短期記憶喪失的家族遺傳，呃……至少她自己是這麼想的。因此，多莉只能從心而活。不管身邊的朋友們是怎麼做的，她就是沒辦法靠腦來生活。

心就是多莉表現出來的樣子。她展現出心的方式不僅只是當個好朋友，無顧自己的恐懼出發尋找尼莫，同時也透過勇於挺身對抗鯊魚，堅持自己所重視的信念，而非被其他人拖著走，找到通往自己所要方向的路。這一路上，「繼續游吧」是當多莉遇到困難或感到緊張或不確定時，掛在嘴上（並且身體力行）的口頭禪。她邊前行邊對自己複誦，繼續游吧，繼續游吧，繼續游吧……多莉或許會迷路，或在試圖和水母搭話時被螫，也在嘗試以「鯨魚語」溝通或交朋友時遭遇失敗，但她依舊，勇往直前。

多莉是展現心的強大力量的小小典範：在事情變得艱難時，仍能持續前行的能力。在你想往前卻覺得自己做不到，感覺缺乏奧援，彷彿已經竭盡全力，整個人被榨乾了的時刻。心不僅只是讓你通過這一切，而且會是以你的步調，讓你真正地參與進去，即便是在最困難或最嚇人的時刻，你仍能在其間找到喜悅和連結。特別是那些困難和嚇人的時刻，也因為是那些困難和嚇人的時刻。

我意識到我已經明白這堂課，而且很快地就發現多莉對我來說非常熟悉。她並不需要教我，而是提醒了我已經從艾蜜莉身上學到的事情。心會在你最艱困的時刻給予你活力與激勵，讓你碰觸你自己的真實內在、你的意識、你與他人的連結。如果只靠腦運作，你或許可以幸運地將頭保持在水面上，但是用心，你能真正地悠游水中，必要時逆流而上，而當你需要隨波逐流時，也可以隨順自在。

在腦已經筋疲力竭的那一刻，心給了我支持下去的力量，讓我能撐過艾蜜莉生命早期那幾年。以腦為優先，這是我當時的專長，隨著日曆翻頁，一日度過一日，尋求專家諮詢，僱請復健師，夜夜失眠但隔日照常上班，也按時餵養女兒們，就這樣過了每一天、每一週、每一個月。我試著在腦的意識下確實做好每一件事，我得繼續這麼做，但是感覺好疲憊，整個人像被掏空似的，意志消沉。

我和艾蜜莉相處得夠久，能夠觀察到她是如何應對大小挑戰，因而我之後才了解到是什麼拯救了我。心總是眷護著她，不管她面對什麼：當她的身體無法正常運作；當家裡養的貓走失了；當她在游泳練習日覺得不想游泳；當心愛的寵物癲癇發作；當同學們要她別再笑了。在那些我自己、我大部分的患者、家人和朋友們可能已經發怒、相互責怪、埋怨不公、宣告全然放棄或承認失敗的時刻，艾蜜莉持續悠游著，以同樣的甜蜜和優雅的姿態，在沮喪、不舒服、恐懼和誤解之間，堅毅不搖。

腦會幫助你度過難關，但心會為你添加力量。心能讓你不至於驚險通過，心能給予資源，讓你能夠面對任何事物，將所經歷過的失敗，變成讓你成長、茁壯的經驗。不管面臨何種危機，我們總是得咬緊牙關開始面對，告訴自己要撐下去。心則讓我們將無法忍受的事物變得值得。

持續下去的勇氣

儘管和著血淚。艾蜜莉依舊向前。

幾年前，為了得到夢想中的工作，艾蜜莉得證明她能靈活用刀。艾蜜莉對於和學齡前的孩童相處很有一套，她很希望能成為日托中心的助理。她想要的那個職位，要能幫忙準備點心時間的水果和蔬菜。艾蜜莉明白，這表示會用到鋒利的刀。

當時艾蜜莉的用刀經驗，僅止於用奶油刀切開果凍。看著那個職位的工作內容，艾蜜莉很擔心她根本無法勝任：「席爾佛老師說我不能用刀。」

不只是她的老師這麼說，這基本上是她的日常生活準則。她在班上的一兩個課程中說過同樣的話，比方他們做蔬菜湯那天（艾蜜莉的班級有著各種我其他孩子們從來沒想過能學習的有趣課程），總是有人——老師、父母或兄弟姊妹——會負責處理有著尖銳邊緣的器具，這訊息再清楚不過了。艾蜜莉顯然對其他狀況也做了相同假設。

但現在這危及了她的夢想。如果無法駕馭利刃，就得不到那份工作，不管艾蜜莉對於小朋友們多甜美而熱情。這可不是艾蜜莉準備忍受的情況，沒過多久，她就有了計畫。她要求上「烹飪課」。不管席爾佛老師對此的態度如何，艾蜜莉有自己的堅持。「我想學著怎麼用刀，」她說。

艾蜜莉相信她自己和她的可能性。她抱持希望。有什麼證據顯示有著和她一樣的精細動作技能（或者該說，缺乏精細動作技能）的人可以成功用刀？腦可能會實事求是地這麼想，並且迅速衡量那些和艾蜜莉一樣有著特殊需求的身障人士的能力而下修期望，在開始前就舉旗投降。在安全第一的考量下，腦會過早地放棄希望，然而心會保持希望，就像艾蜜莉所展現出來的那樣。

心並非毫無理性的傻子，心會務實面對困難的現實，但依舊保持希望。心有時會根據數據，要人們不去做或停止做某件事，不過這次不是這樣。

艾蜜莉在「妳不能用刀」這件事上展現了心運作的方式：喔，是這樣嗎？誰說的？心只接受親身驗證過的局限性。如果艾蜜莉一次又一次的嘗試，不斷地失敗，並且沒能產出不帶血的胡蘿蔔絲，心才會下結論，好吧，這不可能。但假使只因為艾蜜莉班上的「那些人」說學生不能用刀？沒試過怎麼知道能不能。

所以艾蜜莉要求學習，我幫艾蜜莉找到一個在特殊社群裡教授烹飪技巧，頗負盛名的營養師和教練。這對我來說也是個從心而活的練習。我太容易往不好的那一面想，這些腦創造出來的影像，讓我未能注意到可能的好處。

那位教練的非正式課程涵蓋了各式基本且讓人能獨立生活的烹飪技能，艾蜜莉的首要任務是刀工。

過程令人氣餒。剛開始時，艾蜜莉的手距離她的刀鋒接觸胡蘿蔔的那個點過於遙遠，胡蘿蔔在砧板上四處彈跳。慢慢地，痛苦且緩慢地，她一吋一吋地將手擺得靠近了些，總算到了能夠在下刀時穩住胡蘿蔔的程度。

除了胡蘿蔔，艾蜜莉也試切了黃瓜、蘋果、番茄、麵包、柳橙，當然也好幾次切到了自己的手指，哭號在所難免。

然後，艾蜜莉繼續下去。

艾蜜莉不是不害怕，但是在心的作用下，這是她面對的方式，儘管她怕刀，她還是找到了堅持下去的勇氣。這份勇氣將她被教導的關於她自身的限制（只有老師可以用水果刀）擺到一旁，開始探索她能做到的事情，朝向目標（得到那份工作）努力不懈。

經過幾堂課後，艾蜜莉顯然還沒準備好上場，但她可沒打算承認這表示她學校老師的假設是對的。

艾蜜莉只是繼續游。

她不斷地重回課堂，整整三個月，她顯然是在進行長泳持久戰。這也是心的特徵，心會在你最需要時，提供力量和耐力。

這一天終於到來，艾蜜莉準備好了，她想要並且能夠切出專家級的蘋果片和黃瓜塊。她感到自豪，驕傲地在正式的工作面試中展示她的新技能。

在經歷三個月真實的血、汗與淚的過程後，艾蜜莉得到了那份工作。每次輪值時，她都愉快地現身，每天負責迎接孩子們到教室，在下課後清理環境，以及準備各種健康的點心。

堅持

艾蜜莉以心為優先地生活著，這樣的堅持對她來說就像是第二本能。我能向你保證，她生活中的每一天，都有著更多顯示著艾蜜莉在面對、忍受、不斷嘗試卻通常沒有改變的例子。搭配著耐性、樂觀和決心，這是如何在無路中找出路的最佳藥方，這也是心的獨門祕技。

心是許多能力的源頭，堅持，肯定是最基本的。如果你沒有堅持得夠久，就無法收穫心帶給你的好處。心帶給你的首要事物，就是堅持下去的能力。

多撐一分鐘

當你陷入僵局，諸事不順，好像無法再多撐一分鐘時，絕對不要放棄，因為就是在此時此刻，形勢即將反轉。

——哈里特．比徹．斯托（Harriet Beecher Stowe，美國作家）

這也是心給我的首個幫助。在接受艾蜜莉的診斷結果後，我有許多事得學習，需要許多來自於心的支持力量。但在我能夠觸及心之前，我需要讓自己堅持下去。在漫漫長夜後依舊在早晨醒來，顧好我另外一個女兒，回應朋友們的詢問，準備晚餐。也試著不要在艾蜜莉的治療師告訴我，這次療程中她似乎比上回要難以抬起頭來時，感到驚慌失措。

好吧，最後那一項我並不總是處理得很好。在那段日子裡，各種意見或不經意的評論都會立刻進入我的腦，而腦會啟動它向來的運作模式，總結出：這是個可怕的問題，永遠都會是這樣了。然後開始無限循環地想要找出可能的解決方法，並且不允許任何協助。畢竟，誰會比一個醫生媽媽更知道該怎麼做、或者能做得更好呢？

但即便在那時，心已現身。它以某種我通常要過一段時間才能體會到的方式，有時要過很久很久之後。心就在那裡，讓我在那個似乎一切都已無可為的時刻，仍能夠順利向前。當時，層出不窮的各種狀況和我自己的狀況，徹底耗盡了我急切和持續運作的腦，在我已無暇他顧的時刻，心趁隙而入，負責主導。儘管我應該要比我表現出來的更積極參與一些（比較像艾蜜莉現在的樣子），但通常，我甚至不想持續下去。心給了我耐力，即便我的腦說了我做不到或者我不會這麼做，心讓我向前。即使腦給我的訊息是反正所有事情都毀了，我不管做什麼都沒差，也幫不上忙，心仍在旁提醒：這是個完全沒遇過的狀況。「沒遇過」並不代表糟透了。「沒遇過」就只表示沒遇過。心從不停止，即便在我疲憊不堪的時刻，也特別是在那樣的時刻。

就這樣，在心的強化下（我現在看出來了），我能夠振作起來，堅持下去。我能夠平靜面對艾蜜莉脖子肌肉發展的狀況，然後以一種甚至我不確定是一個好的母親該有的平靜態度，繼續去做該做的事。

儘管並不是真的有意識地這麼做，我就只是繼續游著，採取了多莉模式。

喊停時刻

繼續游並不表示從不停止或改變方向。

引領著你的心的力量，有時會提醒你，停下來是可以的。這情形發生在我一個年輕的患者身上，他全心投入於第一段認真的感情中，而他漸漸體會到心在告訴他，愛不該讓人痛苦，儘管這個美麗而受歡迎的女孩是你夢寐以求的答案，儘管你和她分手了。另一個患者有個患了閱讀障礙的孩子，他決定不再與不重視這個問題的學校抗爭，選擇搬到另一個學區。這些患者們在各自面對的情境中都已經投注甚多，並且長期「堅持」，於是心對他們發揮的作用，並非帶給他們硬撐下去的勇氣，而是勇於喊停。

腦會這麼做

大部分會來找心理醫生的人，都在講述他所面對的事情有多艱難，而非回報事情進展得是如何順利，所以我聆聽了關於人們各類艱困時刻的豐富經驗，而他們的故事都有著共同點。他們分別與我分享過關於面對所愛之人的死亡、度過離婚難關、面臨失業、經歷長期的工作或家庭壓力……等等，或者以上皆有。

大部分的人都受困於不願改變。他們倚賴著全副武裝的腦，全力傾注於智力與困在一個痛苦的情境中，似乎比改變來得安全，也更讓人偏好。

從相關資訊顯示，腦也喜歡扮演受害者角色。上述那些大量的智力和邏輯思考，將會呈現眼前這個困境遠超出你所能掌控——這表示，你什麼都不能做，你不需要做任何事，所以選擇維持現狀這個感覺相對「安全」的選項，是不要緊的。事實上，腦會告訴你，保持現況就是你應該採取的行動。

客觀來說，這就是腦會做的事。

因此你會意識到為何要帶入心的力量，而且心腦並用總是能表現得比只用腦要好。你可以善用所有腦的力量在計畫、解決問題、解釋、分析，但是當這些開始讓你感覺自己很無助或沒用，開始在合理化自己的行為、嘗試辯解或找藉口，又或者讓你陷入困境而非前進時，你可以運用偉大的心。心會告訴你，再多撐一分鐘，你並不軟弱……心會為你揭示力量。心不僅看到恐懼，也看到可能性。心會專注於你以及此刻，無關乎他人或任何其他時刻。心願意冒險。心會提醒你，你是更好的。

你尋求心的力量，好讓你在艱困時刻持續前行，而非停滯不前。心能夠提供更多幫助，但是如果你因為恐懼而僵在原地，就無法獲得。一如邱吉爾所言，「如果你身陷地獄，那就繼續前行。」

游泳者的難處

當我們需要／想要繼續往前游時，心有時會要我們放慢速度或甚至暫停一下。

這樣的兩難顯示了在保持前進同時，也要保持平靜的必要性和其有用之處。

心提供了通過任何情境的力量。然而，要觸及到心需要靜下來。就算只是一下下。

當你正處於某種看似毫無止盡的高壓或沮喪情境中，只是保持前進看來也沒能減少這種情況，那樣的壓力和沮喪會讓你很難看見心。你其實早就明白這一點，如果你曾試圖讓一個心煩意亂且滿腦子恐懼的人，討論愛、慷慨、感恩或其它任何心的感受，你只會接收到拒絕和抗拒。

要能自沮喪中觸及到心，首要之務是讓自己安靜下來，單純地體驗當下正在發生的一切。這是通往心的方式。沒有心，你會不斷感到疲憊、士氣低落和絕望，最後導向倦怠。倦怠正是腦試圖獨自應對的結果。

如果多莉游來我的辦公室，我會建議她，保持她與所有事物連結的開放態度，但也要時不時地抽身離開洋流一會兒，好適時讓自己恢復元氣，同時也從心檢視，注意自己是否有過度依賴腦的運作的情況。

韌性（Resilience）

關於心如何幫助你度過難關，艾蜜莉是個更好的例子。在我最黑暗的時刻，在我還沒有意識到心的力量之前，忍耐已經是我最好的表現；艾蜜莉則帶著更具力量的心的旗幟：

韌性，不畏挑戰地勇往直前。

心理學家認為韌性有助於面對巨大的壓力或困難，並加以調適。所謂「調適」並不表示創傷或悲劇不會對個人造成影響，而是當這些產生影響時，一個具有韌性的人，能夠以積極而非消極的心態面對。一個具有韌性的人，能夠在經歷重大逆境後自我修復，或僅只是感到失望，並且找到管理壓力而非崩潰的方式。

事實上，如果沒有經歷過不幸，你可能也無法發展出韌性。韌性一詞在物理上來說，是指一個物體在中斷後仍能彈回或恢復原本的形狀或位置，就像一個氣球在受到擠壓時是爆破，還是能夠恢復原本的大小。能自不幸或意外中回復而非崩潰的能力，其祕密就是心。

恆毅力（Grit）和增長思維定勢

當安琪拉．達克沃斯（Angela Lee Duckworth）在擔任國中數學老師時，她注意到，從報告看來，許多學業成績平均（GPA）最高的學生，並非最具有學術才華的學生。一些智商很高的學生，卻同時是學業表現最低的。這個觀察啟發了現在已是賓州大學教授的達克沃斯女士，她進行了一個她和合作同僚們稱之為「恆毅力」的設計研究。該研究展現出在考慮成績和畢業率等問題時，與學生的成功相關的是恆毅力，而非智力。

心理學家使用恆毅力一詞時有數個特質，比方熱情、設定長期目標、全力以赴及努力不懈。此處我想強調的特質是：努力不懈。就像艾蜜莉練習刀工一般，不是只有不畏艱難與失敗地面對挑戰，而是能夠專注在某樣困難的事情上，以愛、熱情和全心投入所遭遇的挫折。堅持不懈，不僅只是為了通過困難，而是解決問題、將精力投入其中，專注在前方的獎賞。腦可能會讓你通過考驗，但它會讓你疲憊不堪，耗盡力氣。恆毅力則源出於心。

在艾蜜莉的診斷後，我一直靠腦在撐，沒有太多顯示恆毅力之處，我想我多少也靠著意志力和自制力度過了難關。該死的，我得完成這個工作，無論如何，這是我打算做的事，但我真正需要的，其實不是要堅持完成什麼，而是如何在不讓自己力竭的狀態下保持深度參與、投入與熱忱。這才是恆毅力，這需要愛，也需要心。

非認知（Noncognitive）

恆毅力及其他相關的成就特質，例如自律、合作，常被稱之為「非認知能力」。「非認知」，對我來說，這個術語也支持了只用腦將會面臨局限的觀點。在別人放棄或者是自己感覺快要放棄時，讓你堅持下去的驅力，無關乎理智或智力。

專家同意，培養恆毅力的方式在建立「成長心態」（growth mindset），這是由史丹佛大學心理學教授卡洛·德威克所倡導的觀點。在成長心態下，才能並非固定特質，而是可以透過努力發展出來的。失敗並非世界末日，只是暫時狀態，伴隨著潛藏的學習與成長的契機。

心絕對屬於成長心態（或者我們可以簡單稱之為「從心心態」），艾蜜莉正是循此而活。對她來說，失敗不過是努力與成果尚未對位，從來不會是故事的終結。讓大塊胡蘿蔔飛到地板上，不構成停止嘗試的理由，艾蜜莉不會想著「我的胡蘿蔔切得糟透了」，或放棄離開。面對沒能切出原本期待的大小的胡蘿蔔塊，她的想法比較像是：嗯哼，差得遠了耶。我來想想辦法。在重來之前，先讓我再貼個ＯＫ繃吧。

心知道你的力量

克莉絲汀娜崩潰地哭著對我說：「看看我，我無法停止哭泣，我要如何能讓自己在早晨醒來，打理好自己，讓孩子們吃早餐然後送他們上學？」

當你的世界開始崩解時，正是體會你的心有多大力量的最佳時刻。

心的力量來自需求，而這正是克莉絲汀娜瀕臨崩潰之際所需要的。當你需要時，心就在那裡。心是巨大能量的來源，它可以在你已經耗盡所有力氣時，為你恢復力氣。心可以幫助你凝聚足夠的力量來度過最艱難的情況，掃開生理和心理的疲勞和恐懼。從心而活可以讓你保持堅強，但心的力量並不總是那麼強烈，或顯而易見。它比較像是一種安靜的力量，當你已經走過並發現自己已經抵達目的地時，才會意識到的力量。就像克莉絲汀娜會發現到的一樣。

心的力量一直在那裡，等待著你，當能量下降時，心會讓自己彰顯出來。這正是許多人首次感受到心的強大存在，他們無法不注意到有些事正在發生。這也正是發生在我身上的情況。好幾次我都想著我根本無法當好艾蜜莉的母親，但心支撐我繼續下去，持續數年，直到我總算意識到我確實做得很好。

這不是冥想技巧

「心是我的力量。」

你可以用這句話來探求心。不管身在何處、正在做什麼事，以及情況有多麼艱難，這些字句總是能召喚出心。

面對大腦可能會猶豫不決的事情時，你可以藉此來尋求心的確認，這個句子是一個用來幫助你清楚覺察當下真實情境的工具。你可以只是記得這句話，對自己默念，如果高興的話也可以大聲說出來。

透過心來確認，並非是要讓你憑空決定。相反地，是想要幫助你更清楚地認知自己的想法，將它們與心建立連結。你所做的是在試著消除恐懼，全心感受對自己力量的覺察。這可能會需要花一些時間，如有需要請儘管重複。

心是我的力量。

基本上，沒有心就沒有勇氣

勇氣（courage）這個詞來自中古英語 corage、法語的 coer（心臟），拉丁語的 cor（心臟），指的都是心。沒有心，就沒有勇氣。

智力、教育和社交技能非常重要，但是沒有勇氣，你無法到達任何地方。在生活和任何事業中，都會有必須通過的困難或可怕的部分。你需要勇氣，你需要的是心。

心將恐懼轉化為勇氣。心承接了我們的恐懼，並且向我們展示出我們可以如何不可思議地勇敢。能夠勇敢地面對或處理令我們害怕的事物，挺身而出，堅持正確之道；勇敢到足以持續前行，學會切蘋果片或愛你不完美的孩子，或幫助你才剛認識的魚朋友尋找他的兒子，勇敢到繼續游下去。

心會抱持希望

當事情黯淡或困難時，心是你的希望之源。希望不會帶走不適或痛苦，但是當你需要繼續前進時，希望能讓你堅持不懈。

腦不會希望，它覺得希望沒有實質作用。對腦來說，希望是非理性的，不合邏輯的，天真的，毫無意義的，純然的傻氣行徑。如果沒有了心和它所帶來的希望，我們只會走向放棄並且失去動力。（深沉的絕望可能是需要專業幫助的疾病的徵兆。）

從很多方面來說，當沒有任何值得期望的事物時，要變得憤世嫉俗是很容易的，堅持希望則困難得多，它需要你願意去關心並且嘗試去做到你想要的事，儘管遭遇阻礙。腦認為，阻礙正證明了生活基本上是不公平的；心則明白，阻礙在所難免，但並非無法克服。心將它們視為轉折。

然後腦會回到它擅長的作法，把你困在生活中最艱難的部分，我們甚至無法著手做些困難（但有好處）的事，去改變這一切。這實在太嚇人了、太難了、太危險了，沒有用的。這是腦保護我們的方式。

但有時，我們就是得設法躍過。又或者我們早就深陷其中，根本無法選擇不去經歷我們已然遭遇的事。從心來看，腦所說的或許都是真的，但其中有希望。心並不否認事情艱難，或拒絕批判性的思考。心只是確信，儘管狀況很糟，希望仍存在。心不會一再地用同樣的方式去驗證事情，但腦會，並將每一次的驗證都納編為肯定會輸的證據。心不會讓他人一再地傷害你，但只有腦在運作時，就可能會發生。希望通常表示會做出改變、願意放手，有時也代表著接受失敗。不抱希望才會讓你真正身陷困境。心知道，就算有時看不見，總會有希望。

一如戴斯蒙．圖屠（Desmond Tutu）所言，「希望讓我們在黑暗中仍能看到光亮。」

心的語言

心激勵我們的方式，是另一個早就深藏在我們的語彙中的心的力量，特別是在事情變得困難的時刻。

我們會說，「全心投入」，因為我們知道當自己這麼做時，就會帶來力量、勇氣和希望。在我們所處生活中，我們早就知道心是如何帶我們度過難關。

臨危用心

我們家那隻名叫奧利維亞的活潑紐芬蘭狗狗去年癲癇發作。牠已經服用了幾個月的癲癇藥物，反應也還不錯，因此，面對再一次的癲癇發作，我的腦自動冒出悲劇畫面，整個人驚慌無措。我的第一個反應是，我害怕親愛的奧利維亞會死。這樣的情緒很快變成了憤怒，想要責怪某人——比方我自己，或者其他造成這種情境的原因。是我不夠注意嗎？食物出錯？中風？腦腫瘤？病毒感染？

接著則是：這不應該發生在這麼年輕，而且是我們鍾愛的狗狗身上。這在當下其實毫無益處，因為我完全無法去想該做些什麼。我只是茫然地站在那裡，無法解釋眼前所見，也沒有任何行動計畫，陷在「不應該發生這種事」的難以置信的情緒裡。

從心而活的艾蜜莉表現得好多了。她平靜地（平靜在這裡是個操作型的描述，這個字在我的工作語彙中暫時不存在）躺在地板上，靠在狗狗身旁問牠：「你需要我幫忙嗎？」同時伸出手輕拍安撫著牠。用心，艾蜜莉提供了愛，當我因為驚慌失措而無能為力的時刻，心讓艾蜜莉即便在混亂中也能找到平靜。而這種平靜是具有感染力的，它讓我的腦安定下來，放下懷疑、過度分析和想像。對，狗狗需要我們的幫助，以及我們的安慰，我們開工吧。

艾蜜莉和我一同發揮心腦並用的力量，我們提供了愛並且轉化為行動。我們盡可能快速地將這隻七十公斤重的動物——意思是，很難快速到哪裡去——移到車上，平安地抵達獸醫處。

我們無法避免危機，但感謝艾蜜莉的領導，我們可以在面對危機時做出最好的回應。心的力量不需要等危機發生才展現。不管你正在經歷什麼，你都可以依靠心讓自己支持下去。心在面對日常大小事與重大的人生挑戰時，都一樣有用。

不管你面對的困難大小或持續多久，心會給你足夠的力量。當你覺得你已用盡所能時，它會給你所需的助力——或者，當你根本找不到自己所能！技術上來看，只用腦或許也能帶你度過難關，比方說你至少還活著，或是跨過了某條終點線，但你整個人會像是被榨乾、輾過或燃燒殆盡。試著用腦去度過難關，只是讓艱難時刻更加令人難受。只用腦，會耗損能量且疲憊；心則提供了力量、勇氣、目標和恆毅力，你不是勉強撐過去，你是真正地通過考驗。

練習：我在用心嗎？

探尋心的最佳方式，是去注意自己是否已經處於心中。

這需要一點點練習，而一旦你意識到心和它的力量，多數時候你只需要有意願探尋，並且願意轉換。

問問你自己，「我在用心嗎？」通常答案會是，「我也不知道」，所以我們得從那裡開始。要知道自己是否已在用心的好方法是自問，「我能提供愛嗎？」當我們的狗狗發病時，我因難以置信而癱在原地，先入為主並且害怕地認為我無法提供愛和幫助，但用心的艾蜜莉做到了。發覺自己的無能為力，是了解自己沒在用心的關鍵。

當你有經驗之後，你能夠簡單地用是或否回答「我在用心嗎？」這個問題。答案若是否定的，你接下來的路徑也很清楚：如果你想要用心，就得轉換。察覺自己是在用腦還是心，是通往心的第一步。

心如何幫助你

讓你即使在事情艱難時繼續前進，並且在這樣做的同時，保持你的自我、信念和目標，這樣強大的心的力量有很多組成部分。只要你願意召喚，心會給予你所有超能力的大集合，讓你堅持下去或以各種方式提供協助。接下來的章節會更深入地討論這些主題，這裡我們先大略說明當你和你的腦已經準備投降時，心會怎麼做。

• 心知道你沒問題

不論你遇到何種困難，實際上，最大的問題源於你自身的恐懼。那恐懼的本質是：我做不到。這就像是我剛開始接收到艾蜜莉的診斷結果，和那天我們家狗狗發病時的情況。

「我做不到」是極為常見且有力的腦的訊息，但這並不代表你得買單。心知道你並不脆弱。事實上，你是由能夠、並且幾乎可以承受任何東西的東西所製成的。兵來將擋，水來土掩，你可以處理得很好。你之前是這麼過來的，你會繼續這麼下去。那隻狗需要你的幫助、你切到手指、這份工作需要你全神貫注、你從來沒在這麼多人面前表演過……可是你做得到。

這是簡單的繼續游下去第一守則：你可以繼續游。

- **心會處理複雜的情緒**

當你經歷令人心力交瘁的挫折時，恐懼可能不是唯一會出現的情緒。面對壓力和疲憊，你可能會有些潛藏而未處理的情緒，被忽略、忽視、掩蓋或抗拒。

儘管有這麼多人投入對於處理情緒的技巧，腦始終拒絕承認情緒，而對抗情緒只會讓情況更糟。心知道以健康的方式體認情緒，會有助於你越過帶來阻礙的各種情緒，並度過任何艱難時期。

- **心幫你聚焦在目標上**

當你所做的事與你的目標越相符，你就越能投入。這正是立基於心的恆毅力，如同艾蜜莉所展現出來的，她真心想要在學前班當助理，數月的可怕刀功練習也無法讓她卻步。她不僅有目標，還是一個對她來說非常完美的目標，因為那源出於心，而非腦。在這樣的前景下，她能夠勇敢、堅持、屢敗屢戰。

源出於心的目標，能讓你在被擊潰時重新振作。因為這件事對你是真的重要，因此能量由此而生。在我學習如何當好艾蜜莉的母親時，疲憊和恐懼是我的日常，但不知何故，我還是一天度過一天。一開始，我只是繼續游，繼續扮演這個角色，像是本能似地堅持著，看起來如常前進，但比較像是站在原地不動，是時間在流逝。隨著時間推移，逐漸轉變為以心為本的恆毅力。這是個曲折的過程，但轉向以心為本的那個時刻，我找回了我的人生，並且知道我會沒事。比沒事還要好，不僅只是勉強存活或只是撐到最後。我並沒有立刻意識到發生了什麼事，但在心的作用下，我感受到我的力量、勇氣以及我對我的寶貝女兒的愛，不知怎地，我有自信我能夠做得很好。

我開始察覺艾蜜莉為我的生命帶來的事物，我得持續游才能抵達，但只是游並非全部；我得從那裡開始，這是挺好的起點。要能得到所有的好處，我得先撐過許多鳥事，大部分是我仍然以腦為優先地生活時，自己搞出來的。但在那後頭的是我強大的母愛，以及其中所蘊含的源出於心的恆毅力。

我起初也不太相信，但我真的真的很想當好艾蜜莉的母親。就算腦和我自己走偏了，心也會不斷提醒我的初衷，促使我往對的方向去。心會幫助你想清楚什麼對你來說最重要，持續對焦在目標上，這正是通過驚滔駭浪的祕訣。你可能得先通過一大堆垃圾事才能到達目的地，而且當你身陷其中時，有時也會迷失目標。目標對腦來說太過抽象，所以腦幫不上忙，反而還會搗亂。這就是為什麼當我們問：「你的目標為何？」腦通常只會想出模糊的陳述，比方「想幫助人們」或是「想改變」。心則能在混亂的感受中，清楚地辨認出目標。

• 你不是超人

在我寫這一章時，新聞熱烈報導著帕克蘭高中的學生們，在大規模槍擊事件（編註：二〇一八年發生於美國佛羅里達的大規模校園槍擊案）後發起的學生運動。這群學生花了數月的時間巡迴全美國，向大眾傳遞關於槍枝的訊息，紐約時報的記者瑪姬・阿斯托一路跟隨。她在報導這個團體時，寫了一段短短的幕後反思，最後幾句話讓我震驚。她敘述了在記錄時面對到的挑戰，結語是：

我不想將他們描述為英雄。他們並不是。他們在哀悼，並且感到疲憊。他們只是繼續前行。

對我而言，這個記者不僅是在描述一群成為鎂光燈焦點的年輕孩子，她在描述的更是心的形貌。

練習：「今天我想要……」

當你身處任何一種混亂，試著按下暫停鍵。檢視自己，捫心自問，你想要什麼，以及你會怎麼做。

這個練習的技巧是只專注於一段較短的時間，並且隨之調整你的目標。比方說：

今天我想要……

最重要的會是……

我想要什麼？

怎麼樣對我最好？

我最好的下一步是什麼？

你想要的可能是一種狀態（平靜、活力、有趣），或是目標，又或是往目標前進的步驟（進行對話、執行某個任務、提出疑問、完成某個計劃的大部分進度）。

你的腦可能對此有別的看法，事實上，腦大概會討厭關於此的任何想法。腦可能覺得這些想法太微不足道，但它的陳義過高也只會讓你毫無行動。（例如，我想解決世界的饑荒問題，或我想寫出一本經典小說，這只會讓你在還沒開始前就感覺挫折。）另一個「經典腦運作」是它會讓你執著於你不想做的事。（例如，我不想吃碳水化合物與我想吃得健康。）但你可以不要讓腦唬弄你。如果它試著分散你的注意力，你就回到你的心，再次詢問剛剛那些問題。今天我想要……

• 心尋求連結

當你只用腦時，很難在艱困時刻保持與周遭的連結，但心知道保持連結至關重要，必須向外探尋，而非自我孤立。這是讓你游下去的關鍵。一如多莉和尼莫的爸爸在整部電影裡所展現的，面對困難時，一段緊密關係是非常有幫助的（當然了，你必須願意信任那段關係）。與他人的關係能夠在情況惡劣時支撐住你。

更廣泛地與社群、他人和宇宙連結，也會有強大的力量。腦可能會阻止你，但心知道相互連結的全貌，以及安身其中能帶給你的力量。

•心不執著於結果

讓事情每下愈況的方式就是執著於某個結果，這也是腦最擅長的事。腦沉迷於結果論，並且總是單向思考地認為事情一定要有怎麼樣的結果。心對於結果沒有特別大的興趣。它或許會偏好某個結局，但從來不會執著或投入於特定結果。心的步調比腦緩慢，並且需要較長時間，心有著更廣闊的視野，並且看到許多潛在的路徑。

謝天謝地，因為我的患者每天都在向我證明，對特定結果的依戀是慢性情緒壓力的主要原因之一。運動員因無法忘懷失敗而心煩意亂，律師們未能一次通過律師資格考試而垂頭喪氣，經理們對於某個工作機會給了其他人而沮喪，學生們著迷地相信只有上某一所學校才會讓自己開心。當他們學會從心觀看，便會發現更有效的其他選擇，能夠自內心深處帶來所真正渴望的成就感、自我認可和幸福，而非以獲得特定工作、一次通過考試、每局賽事皆告捷或取得特定學校的入學許可為前提。沒有得到預期的結果也許令人失望，但不會擊垮他們。

•心會探尋好的那一面

我的一個患者在淋浴時發現乳房有個腫塊，當她告訴我她接下來做了什麼時，我知道她確實將我們關於心的談話聽進去了：她決定再沖一會兒澡，讓肌膚享受溫暖的水流和令人放鬆的沐浴產品。

即使事情很糟，你還是可以透過享受事情好的那一面來度過這一切。心知道這是可以的。就算情況如煉獄，你還是能夠感受單純的快樂，比方喝杯咖啡，一首最愛的歌曲，或是沖一個長時間的澡。我另一個患者向我描述了照顧年邁父親時，他和父親在花園中散步，撞見一大群蝴蝶繞著花叢飛舞時感到的喜悅。有回我的兒子病得很嚴重，在醫院住了好幾天，某天我們帶了棋盤遊戲去，一家人一起玩。在那個小時裡，我們再次感受到家人們在一起時的溫暖與有趣，稍稍忘記了將我們聚在此處的那個原因。

發現和欣賞美好的事物能夠讓你處在心的狀態，找不到的時候，轉變心態能夠幫助你。每當我需要這樣的幫助時，我會對自己複誦這句話好集中注意力：往好的一面看。

練習：平靜下來

另一個識別你是否處於心的方法，是問問自己是否正處於恐懼的狀態。

你不可能同時處於這兩者。出於恐懼的思維方式會被用來堅持現況，並且維持現狀（認為不論情況多糟，改變只會更糟），並且在沒有任何具體證據下，仍以消極的方式預測未來（因為腦要求理性思考）。

你也可以透過你的感受來檢視自身所在。注意任何常見的恐懼的表現（這也表示是在用腦），比方：

- 擔憂
- 憤怒
- 羞愧
- 批判
- 易怒
- 疲憊（沒有特別的生理因素）

相對地，當你檢視後所感受到的平靜多過恐懼，表示你正處於心。心的平靜可能展現出：

- 感覺放鬆
- 會關注其他事物
- 處於當下
- 思考清晰
- 態度平和

你可以如何找到心

心就在那裡，等著被召喚。當事情變得困難時，它會起身開始運作。但你不需要等待。如果你的練習顯示出心還沒有像你所希望的那樣容易觸及，有許多其他方式可以讓你在經歷困境時將門開得大些。

- **像多莉那樣，說出來**

像個咒語一樣。不妨就使用多莉的咒語吧。（如果咒語這個詞會讓你不想繼續閱讀，你可以不用這個詞，改用比方「給自己的小提醒」之類的詞彙或字句。）

當你遇到困難，或遭逢重大挫折，對自己說，繼續游吧。或隨你喜歡怎麼說。自在的話可以大聲說出來，但如果你可以清楚地「聽見」它們，那麼，不需要這麼做也仍然會起作用。選擇一個萬事通用的句子，或者視情況稍加改變。不會有事的。我並不孤單。我做得到。慢慢來。再試一次。我最近最喜歡的句子是：不需要什麼事都我來做，以及我不懂這是啥意思。

- **問問自己，這對你有何意義**

一位患者向我抱怨大學入學考試（SAT）的測驗如何折磨人。我確信她用的是酷刑這個詞。我也注意到她事實上完成了整個測驗，儘管那需要馬拉松式的專注力，我問她如何做到的。她立刻回答我：她有一個首選的科系，而那個大學非常競爭。這聽起來像是用腦者的可能答案，但確實來自於心。腦在從事你其實不那麼在乎的事情時，經常會面臨精力的局限。面對困難的情境，心會幫助你辨識出隱藏在挑戰中、對你有價值的元素，從而能夠振作、忘卻疲憊地通過。所以問問自己，你在哪裡以及你在處理什麼，對你有什麼價值？

（注意：這並不是要你對一切都盲目樂天，也不是要你在事情真的很糟時，還得想出這件事為什麼重要。然而在一片混亂中，找出對你來說有價值的關鍵，能夠更有效管理衝擊。也許是可以學習到某些東西，對某人有幫助，或測試自己，或一勞永逸地獲得令人難以置信的回饋，或擁有令人矚目的經歷，或甚至是享受某種短暫喘息的機會。任何事都可以，但要能有所發揮作用，必須是某樣真的對你有價值的事物。）

•選擇你的回應

我們並不總是可以選擇要面對何種困境，但我們可以選擇如何回應困境。能夠選擇你的回應方式是你處於心的良好徵兆。

所以，做個選擇吧，心會幫助你辨識你的想法以及如何採取行動。你打算讓這一切都發生在你身上嗎？你打算控制一切嗎？二者我都不建議，你必須仔細選擇你想要的路徑。在暴風雨中，有時你的選擇是靜止不動，有時你會選擇尋求庇護，也可能你會決定建造一個蓄水池。重點在於，是由你選擇，而非被其他人或其他因素推向某個路徑。

大部分來找我協助的患者，都是不那麼明確地處於「繼續游」或「只用腦」的俱樂部的成員，他們都深陷於由自己長期以來所造成的困境中（為人父母、在華爾街工作、老夫老妻、照顧生病的雙親……）。當我請他們注意自己有多強大、自我奉獻和具有韌性時，我得到的第一個反應通常是「我能有什麼選擇？」他們大多沒有意識到，每一次繼續下去都是一個選擇。然而注意到是自己選擇繼續下去，這就是心的展現，這將帶來無比的自由。如果你是選擇的人，你也可以是改變這一切，又或者選擇不改變的人。都由你決定。看到那裡確實有一個選擇是第一步。

• 尋求協助

當你遭遇困難時，尋求或接受協助。如果這個建議讓你卻步，代表你正用腦思考。如果求救很困難，開口就是了：這會讓你直接觸及到心。

現代社會的文化讚頌吃苦耐勞、屹立不搖、具有韌性且能獨立自主的人，尋求幫助已經成為一種貶抑詞。人們認為如果尋求幫助，自己將被視為不適任、沒有能力或有其他問題。我們認為自己會打擾所要尋求協助的人，造成不便或負擔。我有位患者拒絕去尋求教授的幫助，那位教授還特地為尋求幫助的學生設定了時間，只因為她怕為教授帶來困擾。另一個人拒絕打電話給她的指導員，請他提供從全職轉為自由工作者的建議，而這位指導員之前幫她找過工作。一名患者（好吧，很多患者）會為了向我——她的心理醫生——尋求幫助而道歉。

尋求幫助的次數會是最大的不同，因為以腦為優先的人們相對來說會避免求助。

現在的我不同，我會讓艾蜜莉來引導我，她對於求助沒有任何困難。從心而活時，求助並不代表脆弱，因此，以心為優先的她不會害怕求助。

好處是：當你尋求協助時，你通常就會得到幫助。我發現生活中大部分的人都想提供協助，並且在被詢問時感到高興。我想這讓他們感覺自己有些重要的東西可以給予。

•練習對自己好一點

你現在不好過，不論只是短暫瑣碎的小事（我找不到我天殺的眼鏡！）或者是重大的創傷（正在經歷癌症治療），對自己好一點。你是個不錯的人，即便你找不到眼鏡，即便你的身體冒了個腫瘤，即便你得靠其他人的照顧才能對付那該死的腫瘤，儘管你有時會因為長腫瘤這件事而尖酸刻薄或行為乖戾。心知道你是個不錯的人，並且會提醒你這一點。

練習對自己好一點包括任何形式的自我療癒，但我不會滿足於只是好好泡個澡，或者出去走走。倒不是說這是不好的，但以心為本，表示你得更徹底地承諾會對自己好一點。重點在於不論你經歷的是什麼，心都不會有所批判。

•帶著信心練習

向心探尋絕對是可能並且再自然不過的事。你擁有心，並且也早已在心中。透過練習，你可以更從容地往心移動。要記得，感覺無助或無望都是腦的反應，你可以選擇再試一次。

美好人生

心在面對生命中的難關時能發揮驚人的作用，是腦單打獨鬥時所不能的。但心不僅只是在艱困時刻的工具，它是達到「美好人生」的根本理論。在我們進一步探討心的其他能力和特質前，我想先強調生命中所面對的挑戰，對於達到充實人生有其重要性。心讓我們定錨朝向美好生活，心拓寬了我們以腦為主的對於美好生活的預設，讓挫折有了空間，因為沒有人可以毫無挫折；心讓我們有可能從挫折中學習，從中得到經驗成長，使得挫折並非毫無價值；讓你可以跟鯊魚做朋友、得到日間照護的工作、被自己的女兒激勵。心幫助你繼續游，好讓你向內探尋你所擁有的一切心的力量。

第三章

「我不知道」的力量：與不確定感共存

艾蜜莉大部分的就學時期都跟著同一位很棒的老師。艾蜜莉很喜歡席沃克女士，我也是，席沃克女士也很喜歡艾蜜莉。席沃克女士是艾蜜莉之所以喜歡上學的極大部分原因，同時我相信，也是讓她能夠在學校裡有很好表現的原因。

艾蜜莉上學的最後一年，席沃克女士退休了。怎麼可能有人能取代席沃克女士？我感到無比失落，很害怕這個消息會對艾蜜莉造成影響。我在腦袋裡反覆演練著該如何告訴她，為每個細節苦惱不已，並且擔憂著她的反應。還有，好吧，我得承認——我覺得席沃克女士選的時間點真是太讓我沮喪了。

我總算開始向艾蜜莉打開這個話題，緊張地用了一個超級長、沒啥條理的有關令人傷心的消息的演講做為開場，關於離開和退休的差別，以及接下來學校的情況（當然，就是不確定的狀態）。艾蜜莉甚至在我還沒發表完我的演說前就打斷我：「哇喔，這是新消息呢。」接下來：「我會很想念她。」

艾蜜莉的話讓我愣住了。

哇喔，這是新消息呢。

當未知迎面而來，艾蜜莉並沒有充滿對新教師和所有可能的變化的恐懼。她只知道她會想念她親愛的老師，但她也沒有因此對即將面臨何種可能的結果逕下論斷，儘管她也不是樂於改變的擁護者。但她直觀地對於所有的不確定性給了直覺的反應——哇喔，這是新消息呢。

艾蜜莉一如往常地，從心而為。這一句話彰顯了心的一項偉大能力——與不確定感共存，而非驚嚇崩潰。相信自己有能力面對任何情境，就算你不知道會發生什麼，或者你並沒有所有的答案。

艾蜜莉中立地面對新消息，不帶恐懼，也沒表現得像個瘋狂的粉絲，這種立基於心的態度，比我以腦為優先的反應要好得太多。我立刻進入了危機處理模式，相信席沃克女士退休的這個轉折，將可預見會讓情況變糟。而艾蜜莉則很自然地向心尋求，一如以往地向我展示了更好的應對方式。

艾蜜莉的話讓我停了下來，我意識到：我在以腦回應。但我可以向心探求。

心的第一個能力

在剛開始的那些日子，和艾蜜莉相處的許多不確定性讓我心力交瘁，然而也正是這些危機，最終向我揭示了心的力量——無關乎她的腦損傷情況，而是不知情。畢竟有這麼多不知道的事！

直到心終於出現，一切有了改變。面對不確定，是心帶給我的第一項能力，看起來是個不錯的起點，這也是心的關鍵力量。事實上，幾乎所有由心所賦予你行動的力量，其中都潛藏了部分是處理不確定的能力。心的力量讓你能站出來，看得更遠，做得比你以為自己能夠做到的還多，而這些在某種程度上都代表著要面向未知。要能面對未知，並且讓它導向美好生活而非悲慘經歷，關鍵是向心探求。能夠與不確定感共存，正是心存在的目的。

先嘗點心

是這樣的：生活充滿了不確定。如果有什麼是我們可以確定的，就是我們都得面對許多不確定。

這個事實對於像我們這種以腦為優先的人來說，真是最大的障礙。這麼說吧，不知道會發生什麼，之於我們，就像是大蒜之於吸血鬼。我們這種以腦為優先的族群喜歡對事情有明確掌控——我們要知道；我們希望是沒問題的。不知道會發生什麼，對我們來說是百分之兩百地無法接受，我們並不擅長應付這種情況。（這件事對我們來說也無法接受）

只要我們活著，就得面對未知。說實話，如果你一天中沒能遭遇數次未知，我得說你大概沒在好好活。沒有未知的生活代表著沒有成長、改變、驚喜或好奇。一個完滿的人生需要些許的未知——至少要能面對它，甚至是接受它。如同在艾蜜莉剛出生時，我並沒有準備好要受到折磨。不管如何，向心探求是必要的。

我試著想要單純用腦來處理所有與艾蜜莉相關的不確定事物，這是新手會犯的錯誤。我們稍後會更加了解，腦不是用來做這種工作的，但對心來說，這是它擅長處理的困境。

修復我的人生的關鍵點，是當我意識到艾蜜莉的診斷結果既非正面也不負面，那至多就只是個未知狀態而已。這樣的中立態度來自於心。這是我們對於內心的創傷通常會忽略、徹底忽視或否認的訊息，但不論我們驚慌失措或從容前行，人生永遠都會有著強烈的不確定。

幾乎我所有的患者們都在面對未知，並且受其影響。無論他們說明自己是為了什麼來找我諮詢，無論他們是如何闡述他們的主題，幾乎所有的問題都導向了不確定感，這正是讓他們抓狂的主因。離婚不是問題，而是不知道離婚後的未來會如何；要不要接受約會軟體撮合的會面不是問題，而是不知道見了面後對方會不會喜歡你（又或者你會不會喜歡對方）；生氣孩子沒禮貌地對你的訊息已讀不回不是問題，而是不知道才剛長大的孩子長途開車是否已安全抵達。無論我的患者需要如何去處理、感覺或思考他們的個人難題，向心探求能夠幫助他們面對伴隨而來的不確定感。

對於這些為了不確定感而掙扎的患者們，我盡力協助引導，讓他們的心保持開放狀態，並且有能力面對未知，就像艾蜜莉所展現的那樣。嬰兒時期的艾蜜莉是讓我聚焦於心的催化劑，而長大後的艾蜜莉則是每天都展示出如何安居於心的模範，包括如何與不確定共存。艾蜜莉當然面臨著不確定性，其中包括我們多數人永遠無須面對的問題——我能夠跟著大家穿越營地嗎？我有辦法打開那個大食槽好好餵狗狗嗎？我這次會記得怎麼走到學校辦公室嗎？

艾蜜莉從沒讓這些未知打倒她，就算有，也至少不是長期。她並非對擔憂和懷疑免疫，好幾次她也對於未知感到害怕：第一次搭上新的巴士，和爸媽道別去參加過夜營隊，在沒有朋友陪伴下獨自一人走到學校餐廳。在這類情況中，她並不想做那些讓她害怕的事，但是透過心，她很容易地得到勇氣，所以她還是去做了。每當她快要負面思考時，艾蜜莉總是會向心探求，她也通常可以很快地恢復中立的態度。

我兒子是藥頭（看來我真的搞砸了）

輕易地保持中立，並非威廉遭遇巨大未知衝擊時的經驗。威廉是個聰明且富有同理心的父親，但在這樣的條件下，他仍沒能準備好面對與他關係緊密的年輕兒子帶給他的衝擊：他發現傑克是個藥頭，販售的對象還包括一位親密家庭友人的兒子。威廉非常清楚自己的感受：憤怒、悲傷、被背叛以及其他，但身處暴風圈中的平靜卻讓他困惑。這是個從許多方面來看都很複雜的經驗，威廉覺得沮喪，不知該怎麼做、怎麼想或怎麼說。

在我的患者中，我對於威廉的勇氣和能力很有信心，我了解他很明顯地對此手足無措，但我同時相信他的內在已經往對的路徑前進，我的角色則是陪伴著他，協助他找到下一步。在你需要的時候，下一步總是最難看見的——尤其當你正身處暴風圈中——不管你本來多麼勇敢且有能力。我試著在一旁輕輕督促他，在需要時向心探求，幫助患者們能夠召喚出他們自身的力量。

在這團混亂中有很多個交錯複雜的問題，但一如我多數患者那樣，最讓威廉痛苦的是未知。即便已經被那位家庭友人揍打過了，傑克會不會又回去賣藥？威廉可以再相信他嗎？傑克到底是個怎麼樣的人？做出這樣的事，以後會變成怎樣？他還能再和他的兒子恢復親近嗎？那位家庭友人會不會向警方檢舉？威廉自己會嗎？他到底做錯了什麼，才讓自己的孩子做出這種事？傑克到底是怎麼了，怎麼會做出這種事？這個週末晚上他還能帶他兒子去鎮上走走嗎？最後還有大腦最喜歡問的問題：為什麼會發生這種事？

威廉向我列出了這些問題，全都展現了不確定性。他隨之表示他唯一確信的是，這件事對他和他兒子來說，糟透了，而且永遠會是這樣。

跟腦說個哈囉！腦對於不確定簡直怕死了，並且恐懼一片空白，於是忙著創造出為什麼會發生這種事、你得做什麼、這是誰的錯……的系列故事。看起來好像是積極向前，但其實沒有；不僅沒有效果，還可能完全是在幫倒忙，將你導向錯誤的結論和行動。

面對未知，腦的適應能力顯然糟透了。腦以安全第一（請參考本章稍後「我們天生如此」的段落），而安全感來自於知情。就是現在、就在此刻，這正是威廉的情況，就像教科書上所呈現的，腦的首要清單永遠是尋求確信。意料之外以及未知／無法預測，會讓腦進入追根究底模式。就像威廉那樣，腦開始超速運轉，加倍分析情況並且不停地思考，想要找出解釋。對於任何壞事，腦都必須要有個解釋，不管那是否根本單純地無法解釋。腦會開始無限迴圈地自我批判、究責（包括自責）、感覺無助、憤怒、恐懼，以及更多的恐懼；簡直就像通往地獄的大門，還要求那裡應該要有個解釋！

該死的，腦會用思考來處理事情，屢試不爽。威廉瘋狂地分析著自己遭遇的情境，困在不斷重複同樣路徑的腦中（為什麼？為什麼？），每一次的重複都讓壓力升高，由於一直找不到答案，他讓自己瀕臨崩潰。儘管疑慮並不總是能夠被消除，而且有時我們就是無力或無法自己得出解答，然而腦就是會這麼堅持試下去。

再加上，腦假設只要是它無法預見的，就肯定不會是好事，而且還可能會是大災難；這是保持安全的計畫的一部分。很難說這在威廉身上是如何運作的，他預測他兒子這輩子都會是個罪犯，而他這輩子都會活在深深的恥辱中。他越是深入分析他的問題、傑克的問題、他們之間的問題，他就越試著尋求更深層的意義——關於發生了什麼、是誰的錯，特別是要如何立刻修正——也就變得越沮喪、疲憊和無力。

否認、否認、否認

腦還有一個應對未知情境時最愛出現的反應，至少是和要求絕對的確信一樣常見。那就是：拒絕相信。

在危機中，腦千方百計地想消除不確定性和恢復平衡。但當事情並不如威廉所想時，另一個選擇則是假裝「這件事」從沒發生。或者它的近親，「設法搪塞過去」。在威廉的案例裡，看起來會像是：我兒子不可能這麼做；那些父母根本不知道自己在說什麼；那孩子在誣陷我兒子；這有什麼大不了的，賣毒品的孩子可多了。

這是個很誘人的策略，可以很容易地將事情藏到檯面下，眼不見為淨，用不著再煩惱。但當然，問題依舊存在，不管是否被承認。如果甚至不被承認有問題，也就不會開始處理問題。

快問快答：我是個以腦為優先的人嗎？

誠實地選擇你的答案，試著不要過度反覆思量。

不確定性讓我抓狂！

- ☐ 完全同意。我甚至不需要看下面還有哪些選項，我就是這麼確定。
- ☐ 高度同意。我不認為還有其他選項。
- ☐ 同意。但我想指出選項實在太多，這開始讓我緊張哪一個答案才對。
- ☐ 不同意。未知就是未知，我會試著看清楚它。
- ☐ 高度不同意。我接受未知以及它帶來的所有可能性。

幫自己打分數：

你用腦生活嗎？
「同意」給一分，「不同意」給零分。
如果你打了分數，嗯，你是用腦生活。

心就是我們面對未知的方法

星期五下午的一則語音訊息通知普莉亞，她的乳房X光攝影結果出來了，醫生想和她討論一下，但是當她聽到這則訊息時，醫生的辦公室已經關門了，得等到下星期一。普莉亞打電話給我，堅持她無法忍受這長長的週末，都無法知道醫生究竟打算跟她說什麼。

尚恩在四個月前被解僱，他到現在還沒找到工作，如果接下來的情況沒有立即的變化，他完全不知道要如何付房租。

貝絲和另一半十四個月來都在嘗試懷孕，正準備再開始另一輪的人工受孕（IVF）嘗試，這是她在我們的療程中唯一談的話題。她說，無法確信她是否能夠擁有一個夢想已久的家庭，令她難以忍受。

這些絕望的患者們有個共同點，他們都倚賴著腦來面對問題，但腦的經驗對於不知道的事情顯然無用武之地。每個案例，最後都來到了他們覺得無法單靠腦來找到解決之道的關鍵點。

他們都相當倚靠腦來最大化達成他們所想要的結果的機會，並使用腦來計算優勢和劣勢，縝密規劃策略，持續每一次的醫療回診，修整履歷和面試技巧，研究支持其成功的最佳方案和非醫學方法。但是，對於他們面臨的情境中那些無可避免的不確定性，腦是無能為力的。

這些患者們最終分享的另一件事，是發現心完全能夠應對不確定的情況。心對於未知很自在，因此，當他們學會如何轉向心探求時，他們也變得自在。

心在應對未知時之所以如此強大，是因為心創造了空間。當腦一頭熱地猛衝向前，想解決一切結案時，心保留了允許不確定性存在、而非急匆匆地想知道所有事情的空間。對於發生的事情，和我們想要對它代表的意義進行明確分析之間，心為我們打開了空間。這麼一來，心讓我們能夠接受未知的事實。亦即：我們並不知道。

普莉亞安然度過了週末的焦慮，她提醒自己正處於不知情的狀態：她就只是不知道醫生的報告結果是好的、壞的，或只是有異常。並且告訴自己，不管結果如何，等她知道了之後就能處理；她得承認，就像她第一次被診斷出乳癌時那樣面對就好，而且事實上，這次的追蹤檢查，也就只是那趟旅程後續得去面對的一個步驟罷了。

尚恩試著在人生中創造未知的空間，他將此視為可能性，而非急迫事物。向心探求最終引領著他決定辭掉工作，而非再屈就於公司裡的另一份工作。

貝絲學會提醒自己，其實她無法預見未來，她無法知道這一輪人工受孕的結果，是否會比之前幾次好。此外，她也無法真正知道，如果從來就沒有出現這個可能的家庭新成員，她的家庭經驗會是如何？又或者，這次的療程是否真的會讓她美夢成真。未知不僅局限於懷孕測試的陽性或陰性結果，也彰顯了任何一種結果的無限可能性。她了解到她知道自己現在想要什麼，但同時，她對於這將帶來如何更廣大的人生意涵一無所知。當腦立刻下了結論，且多數時候預測了最糟的結果時，心創造餘裕，讓未來可以是一個蘊含無限可能的神祕所在。在等待這次的測試結果時，取代過往的恐慌，貝絲以另一種新的態度來設想可能的「失敗」（原本大腦的那種）：這次不過是再一次的新嘗試，既不好也不壞，我們還不知道。

當面對未知，我們需要做的，就是像那些患者們所做的——向心探求。當腦無以為繼，你可以倚靠心來度過。更好的是，當腦快要潰堤或威脅著要罷工時，與其等待，你可以召喚心來發揮作用。

最佳方式是將力量整合：一旦你知道如何有意識地向心探求，你可以結合心與腦的力量。面對未知，對我們來說永遠會是個痛苦的經驗，但向心探求並且用以創造「這是新的情況呢」的空間，就能夠減緩痛苦。

心對未知略知一二

將心召喚出來與腦並行是至關重要的，因為心知道某些腦未能輕易觸及的深層真相。當確實有個問題X待發現時，腦非常適合用來解決問題X，腦能夠制定完美合理的計畫來實現你的目標。腦會孜孜不倦地工作以獲得明確答案或設定嚴謹方案，但答案並不總是可及，特定結果的確定性是不可能的，有些事情是不可知的，那時候我們就需要深入了解心所知道的事情。

心知道而腦不知道的事

- 心知道我們不知道……而那沒有關係。

對心來說，不確定就只是不確定。答案是不可及的，就算你想要，這就是未知。從心而活的時候，我們不必一定要有答案，不用立刻有，可能永遠也不用。也許我們無法知道，也永遠不會知道。又或者，當我們知道時我們就會知道了，直到那時之前，不知道是沒關係的。這是心所傳遞的訊息，就像艾蜜莉的總結：哇喔，這是新的情況呢。

・心知道我們不知道每件事情的最終意義

事實上，我們不知道，也沒辦法知道，到底這個或那個情況是「好的」或「壞的」，直到我們看到全局結束。我們不會在當下知道某件事最後代表的意義，那也沒關係啊！換句話說，僅僅因為我們不知道發生了什麼／將會發生什麼，並不意味著它是壞事。當然，這也並不代表它就是好的，這單純只表示我們不知道，至少現在還不知道。

・心知道你有能力面對未知

實際上，你已經練習了很長一段時間，心知道。你之前遭遇過無數個未知情境，你將會持續這麼做。心知道直到此刻，你已經處理過所有事情，所以這次你也能好好面對，不管那是什麼。

・心知道在混亂中也能平靜

因為我們不知道，因為不知道是可以存在的，因為我們無法獲得任何事物的最終意義，直到它向你展現，並且因為你有能力，心知道即使在混亂的情況下也會有平靜。從心而活時，很明顯地，我們不需要依靠解決不確定性來讓自己感覺更好，我們只須將其理解為未知——這就是全部。這是心的深處所得出的真理：在當下，未來是中立的。（據我們所知）這是在風暴中立足之處。

焦慮

焦慮可以用多種方式定義。當然，我過往所接受的是在醫學定義上的全面訓練，並且根據該標準治療眾多患者。然而，我發現現在最能引起共鳴的定義是：

焦慮是不斷在準備應對無法預見的未來。

這是對未來的恐懼和對未知的恐懼的焦慮——換句話說，是對不確定性的恐懼，加上一種對於任何即將到來的，都不是我們想要的東西的確信。除此之外，不知怎地，我們相信，如果即將到來的事情很糟糕，我們可以透過為此做好準備來減少壞處。這個重點製造出了真正的焦慮，而非僅是泛泛的悲觀。

完全的腦型人！腦只想要保護我們，而它最喜歡的方式就是預想最糟的情境，並且設法預做準備。腦發明了製造焦慮的祕方。這不是我們所害怕的未來，這是我們的大腦創造出那個未來的結果，但這個結果完全是編出來的。未來就是未來，很明顯地，我們不知道在那裡將會發生什麼事。

心對於未知的未來所持的中立態度，可用以減緩焦慮。感謝艾蜜莉，我已經學會如何在需要時，朝這個方向做出改變。她有時會感到害怕或擔心，她也肯定會提前規劃，但她從不會因為她所擔心的事情而放棄。她只是繼續前進，好能夠達到目標，這就是艾蜜莉風格。

我也想這麼做。當我開始擔心接下來會發生什麼事時，我發現小小的提醒可以幫助我走得更遠。「嘿，看哪，我現在這樣，我在害怕未來。」我提醒這是腦在作用。而事實是，我不知道會發生什麼事。這也包括了我單純不知道有什麼壞事會發生。（這是個新的情況呢！）

有這種隨時可能存在危險的焦慮經歷的人，可能會，也可能不會接受這個處方，但他們肯定會因為更經常轉向心探求而受益。

我們天生如此

人類是唯一明確有著所謂未來這個概念的動物。我們知道有未來，將朝向我們而來，我們認為我們知道將會發生什麼，然而研究顯示，我們真的無從得知，人類已在科學上被證實拙於預測未來。我們聽聞有人中樂透，並預測那個人將會永遠幸福快樂（我就會……），錯！我們丟了一份好工作，並預測我們這輩子倒楣到底，錯！

通常在做預測時，我們會依賴腦，腦則仰仗於研究人員所說的消極性偏見。當我們面對新的情況或訊息時，我們通常會自動且下意識地假設那是「不好的」，因為從進化的角度來看，這可能是最安全的推斷。

在確定性是較為安全的前提下，人腦已經演化到會提供我們確定性。當進行生存遊戲時，我們越是善於發現危險，我們就越容易避開或成功地對抗它。在那裡，灌木叢中的沙沙作響，是鹿還是熊？為了安全起見，我們會假設是熊，並做出相應的反應。

我們的腦，運作的方式差不多和預測什麼會從樹叢中走出來一樣接近。你是否認為今年會有乾旱，並為你的農場做好準備？或者你預測會是理想數量的常規降雨量，不需要考慮灌溉系統？哪個農場或哪種農民，可以更好地面對未來的季節？如果我是農民，我會開始灌溉，為了安全起見。

這種危險假設不僅僅是一種心理反應，而是一種在解剖學中可檢測到的物理反應。舉例來說，約翰・卡喬波（John Cacioppo）在俄亥俄州立大學進行的研究，記錄了大腦皮層的電波活動。這個研究讓接受監測的人觀察一系列物品的圖片，有些物品的目的是提示積極的感受，有些是負面的，有些是中立的；負面圖像導致電波活動的峰值大於中性或正面，人類的大腦對陰性比對陽性更敏感。

威廉找到了心

威廉敏銳地意識到圍繞著他兒子犯罪所帶來的負面影響，以及他對自己陷入不確定性的困境中的憂慮。他到目前為止，一直沉浸在困住自己的負面情緒中，只有到了這個時候，威廉才能開始理解，該向心轉變了。

威廉的第一步和任何陷入重大不確定性的人的第一步相同。他需要放慢速度，真正地放慢下來，逐漸減緩和平靜他的身體，這樣他才能夠讓腦減速。（當我第一次建議他閉上眼睛，將一隻手放在他的心上，好讓自己集中，並進行幾次長時間的深呼吸時，他懷疑地看著我，但是他非常絕望，決定嘗試看看。）

當他了解到心對於不確定性的中立立場，以及認識到腦正在做什麼時，威廉開始去感受他兒子所做的事，以及他（威廉）將會做什麼和不做什麼。威廉沒有選擇處於這種不確定性中，但他確實可以選擇如何應對。

威廉將這種對自己的新感覺與良好的自我同情心結合起來，他不再不斷揣摩是否因為他過往的育兒行為導致了這個情況，並意識到他不能承擔他兒子違法行為的責任。

威廉已經做了一些他能做的具體行動，比方盯著他兒子摧毀所藏的毒品，監督他兒子處理賺取的不義之財，包括退回新買的遊戲軟體，並且將大筆錢捐給當地圖書館。儘管如此，威廉非常善於觀察大腦的作用，注意到他的腦正急於導正一切，就像腦向來習慣做的那樣。

在做完他所能做的，解決那些可以有具體解方的問題後，威廉意識到接下來的事情會困難得多。他必須停止修補，停止想要去修補的想法，停止堅持結果應該是什麼（他兒子是正直的公民），或可能是什麼（他兒子是罪犯）的特定想法。他知道他必須放手，意識到他無法掌控，並願意讓未來如此展開。為了幫自己和家人找回平靜和完整，威廉必須找到一種方法活在當下——與不確定感共存。他不得不讓心越過腦來引導，他不得不傾聽並依靠心。

只有這樣，威廉才能開始弄清楚他與兒子的關係。由於他兒子創造的裂痕，需要形成一種新的關係，這種關係源於承認這件事對於他們過往長期的親密已經造成損害。新的關係需要為背叛的現實和他們之間的親密關係的可能性提供空間。不是要確定不會再有違背信任的可能，也不是要確定恢復親近，而是平靜地理解，不管如何都會度過——不管發生什麼，威廉都能夠處理。

抗議！

你可能已經和威廉一樣注意到，就像我多次的經驗：腦不太偏好放慢速度、放手、或任何從心出發的大部分策略。

「這笨透了」，是腦通常會有的意見。或者，「這很傻」。又或者二者兼具。總是喃喃抱怨（要確定喔）……以及「這沒用的」。

腦總是有成堆的「這不會成功」的理由——

這樣太消極了。
浪費寶貴的時間。
這是否定的。
這樣很弱。
那就是放棄了。
我不是個半調子的人。

那是不切實際的。

這太過分了。

腦不會羞於表達意見，當它不贊成你要的把戲時，它會讓你知道。

你猜怎麼著？不管腦怎麼想，你都可以做任何嘗試。無論如何，與腦保持聯繫，你會需要它來從事它所擅長的事物，但試著偶爾忽略它的不同意見，試試呼吸練習，或將手擺在心上的姿勢，或就像在「說出來」那個段落裡，選一句話做為「給自己的提醒」。看看當中是否有任何一項會對你發揮作用。

當被逼到牆角時，腦會讓路給心。絕望的需求會是開啟自動導航的唯一時機，而你永遠可以選擇讓心來帶領。

在不確定感中找到心

在面對不確定感時，向心探求是必要但困難的，這裡將告訴你怎麼做。嘗試這些方法中的任何一種，都會讓你更加向心靠近，而且可以隨時隨地開始。（如果你目前並未深陷不確定感，那麼你應該更能為當你身陷混亂時做足準備。）有時候，你所需要的只是能快速切入其中一項或多項。

我建議，如果你能安排時間，就順著清單循序進行，從頭到尾走過一遍。最終，這個過程會隨著練習而能夠自行變化，你將能夠隨心所欲地跳入心的狀態。在你到達那一點的路上，你會將對於不確定的恐懼，轉化為不知道，甚至轉變成可能性。

- **慢下來。**首先讓你的身體安靜下來，尋求生理上平靜。暫停；呼吸；靜坐；數數字；出去走走。當你的身體僵硬時，發現什麼對你有用是很重要的，因為做這些事情能夠幫助你的腦放慢速度，並安靜下來。事實上，如果你沒有在體內找到平靜，你就無法真正阻止腦的快速運轉。腦的作用力通常很大，你得減弱它，才能有效地聽見心的聲音。
- **進行標記。**為自己釐清身處的情況是「不確定性」。你可能得剃除其他負面或非基於證據顯示的標記，比方：這是場災難，我做不到，這樣很糟……好讓自身所處情境更加清晰。你需要將情況在氛圍和實質上都變得中立，這正是不確定性的重點。你不知道這是什麼──至少在時間帶來證據之前。
- **說出來。**視需求地使用「我不知道」，「我沒有答案」，「我不知道這意味著什麼」，或者「我一無所知」等簡單語句，提醒自己注意不要妄下定論，或者，不要相信腦所做的結論。我的許多患者使用的內建提醒語是：「我不知道──但沒有關係。」或者你可以嘗試，「我知道我被教過這是什麼，但我真的不知道它究竟是什麼。」我喜歡加重語氣、立即大聲說出來，當然，這要看當下是什麼情況。
- **辨認出你的腦在做什麼。**再次用上你的標籤，標記出哪些是腦在作用。看出你的腦在做什麼／嘗試要做什麼，並且平靜地檢視。「喔，是腦在作用，急切地想把這視為問題……」「看哪，果然是腦，這麼確定它知道會發生什麼吶……」「我看到你了，腦，這麼執著於特定的結果，好像其他路都只會通往災難……」腦是否被卡在循環中，一遍又一遍地想擊中相同的點？試圖解決一個沒有解決方案的問題？像這樣的算命先生，我們怎麼敢說它真有百分之百的準確度？

◆ **你有能力勝任。**對於不確定性的恐懼，通常來自於你認為自己無法處理，不管「它」是什麼。但如果我們對不確定性有任何瞭解，那就是，我們以前也曾處於不確定的狀態，而我們應對得宜，我們度過了不確定，因為我們現在在這裡。面對未知，你已經練習了很長一段時間，你可以確信不管發生什麼，你都能處理。這並不代表你會強迫事情如你所願，或者讓所有問題消失，或者阻止未來的到來，而是你會處理它。心知道：你可以。

◆ **堅持下去。**要能度過不確定的方式就是安身其中，就算你感到害怕，就算你一直忘記自己有能力面對，又或者需要再次放慢腳步，儘管你才剛這麼做過。就讓情況保持未知吧，讓事情單純點，先走一步，然後再一步。做你能做的，不要去做無法做到的事，保持開放心態，只要你能抗拒使用快被榨乾的腦，心就來了。

◆ **腦什麼？我聽不見……**腦會嘲笑以上大部分做法。但事實上，你之所以走到這一步，就是因為腦已經派不上用場，而且說實話，腦看不出來自己在面對現在這個情況的無能為力。所以別聽它的！如果我可以跟腦溝通，我會告訴它，「夠了！停下來！休息一下。反正現在輪不到你上場。」然後我會提醒自己（這部分我實際上也和患者一起做過了）：我現在需要做的就是……【在此帶入你所選擇的向心探求的

方法】

我現在需要做的是……

呼吸。

記住：我現在沒有答案，儘管我很想要答案，但不要緊。

專注於這個事實：不過就是不知道罷了。

隨它去吧。

當你用腦時，傾向於依賴外部情況的變化，好讓你的感覺變好，但心不等待，心永遠不變。心不需要依靠我們自身之外發生的事情——心就在我們自己身上——當下就是感覺變好的時刻。這種變化是內在的，當你向心探求，就會發生變化。

請說「我不知道」

當我們以腦為優先地運作時，說出「我不知道」是令人無法接受的。然而從心時，則可以坦然地接受不知道。

因此，使用這個句子是讓你更朝向心的其中一個方式。認真地使用它，甚至大聲說出來，告訴自己，「我不知道」。或跟別人說，「我不知道」。讓它在你腦中循環，而非不斷猜測未來。

跟著艾蜜莉，我現在經常使用這個句子。艾蜜莉用輕鬆的態度說出「我不知道」，因為她從心而活。我習慣以腦為優先，所以這對我比較困難，但這也顯得更加重要。我使用「我不知道」好提醒我自己這個事實：我們真的不知道會發生什麼。

> 腦在面對未知時，會強烈傾向於尋求確信——不論那有多不正確或不可能。我們需要練習（亦即，不斷重複）如何改向心靠攏，並且接受「我不知道」。這麼做很值得，認知到這個事實會帶來深刻的改變。

注意！專注當下！（Mindfulness）

正念是管理不確定性的一種很好的方式，特別是它將注意力轉向當下的方式。但就個人而言，我有時會發現正念練習難以管理。腦不擅此道，而腦是我慣用的路徑，所以我必須學會如何透過心獲得正念。

在這方面，就像許多事情一樣，艾蜜莉是我的老師。艾蜜莉是正念的自然實踐者。在她努力著各項事務的中途，艾蜜莉經常喊道，「看哪！」大多時候，她是在提醒大家關注她的活動和成就。（這對她很有用，我認為這可以是另一個討論主題。）但她也使用「看哪！」來讓自己回到當下正在做的事情。「看哪！我正在做一顆心」、「看哪！我做到了耶」、「看哪！那隻狗真有趣！」「看哪！」是艾蜜莉活在當下的方式。

我試著依循艾蜜莉的方式來幫助我捕捉每個當下發生的時刻，尋找日常生活中的甜美片段。看哪！我正在攪拌湯，聞起來棒透了。看哪！我載了整車喧鬧的孩子們，讓我一同浸淫在活力中吧。而有時則是，看哪！塞車了，喔，好吧。（而非——你知道的——發怒。）在正念中，你可以用任何東西讓你專注當下，我更擅長使用艾蜜莉的「看哪！」，比數息或聆聽聲音的效果更好。

我也運用「看哪！」提醒自己好好檢視，不管我正在面對什麼，好好看清楚眼前情況究竟為何。「看哪！」幫助我觀察我的思緒和注意力是否集中於當下，和我以及正在發生的事情同在，而非別處。

腦並不總是對此論點持開放態度，但正念在幫助面對不確定性時確實很有幫助。在不確定的情況下，我們無法知道會發生什麼，並因此陷入困局，專注當下可以分散我們對不確定性的注意力，並關注我們唯一能夠知道的事情，那就是現在正在發生什麼。

理論上，這正是正念的工作！而在實務上，隨著艾蜜莉成長並向我展示了另一種方式之前，我曾多次以多種方式嘗試正念練習，目的是不帶評判地觀察我的想法，任它們發散，並且不斷地回到當下。但不知何故，我從未真正開始讓任何正念練習成為一種習慣。總覺得它並不那麼適合我——那不是個以腦為優先的人在面對荒誕之事衝擊時會有的典型反應。現在想來，我意識到，就我個人來說，某些正念技巧讓我更進一步深入腦中，而通常我所需要的是朝向另一個方向。（正念，不是你的錯，是我的問題。）

向心探求可以讓你獲得正念。做為回應，正念會提供一系列可驗證的生理和心理上的好處，從放鬆、緩解壓力到提高免疫力和注意力，所以有必要弄清楚如何讓它對你奏效，即使你聽到你的腦抗議——我沒有時間，這是毫無意義的，肯定不會有用的，這不過是另一件如果不做就會有罪惡感的事……

透過心，儘管腦有反對意見，你可以繼續前進。為什麼不給正念一次機會呢？這是一個好的開始，但試試看，你可能會覺得不錯的理由本身也許還不夠力，心可以強化繼續下去的意圖、力量和必要性，讓你持續練習正念，直到足以顯示其有用的程度。更重要的是，與腦的抗拒相反，心提供了意願。

願意嘗試新的事物，願意改變，願意在害怕時仍去做，願意接受不一定要是對的，願意去相信你值得對自己好一點。隨著心的到來，我將之稱為正心（Heartfulness）。

正念會在面對不確定的狀態下，確實地充滿了我的心。面對未知，一如艾蜜莉的「看哪！」，正心會提醒我檢視可知的事實，並將我從自己編造出來且不斷告訴自己的故事中抽離。（通常是關於某件事情是多麼可怕，以及我肯定沒有辦法面對之類的故事。）它提醒我要尋求真相：我、不、知道。它促使我檢查自己是否執著於根本無法確定的、尚未出現的未來。

當腦被不知道將要發生什麼的恐懼吞噬的時刻，心會介入，「看哪！」，腦對於尋求安全的確信，抗拒變化，以及在面對不確定時會抓狂的傾向，可以透過心，將不確定重新定義為經驗、成長、好奇心和機會而消解，對於個人能力和韌性的內在信念也會隨之出現。

正心練習

有非常、非常多的方法可以練習正念，最好的一種是你願意做的那種。向心探求，尋找意願，並且避免反而更去用腦的效應。確切的方法並不重要，只要你本質上是花了些時間，用某種形式安靜，或靜下來「做」正念或正心。

在不確定的情況下，我建議採用下列步驟，你也可以做一些變化：

注意與過去有關的想法。

意識它們的微小與已然過去。

輕輕地將注意力轉移到現在，以及對你內在的能力和力量的了解。

注意與未來有關的想法。

意識到它們的不可知性。

第四章

力爭公平 vs. 接受現況：處理困難的情緒

萊拉是一家中型顧問公司的合夥人。她是個可愛、堅強且心思細膩的女人，有著令人愉悅的幽默感，同時有著強烈的企圖心。到目前為止，她的積極進取為她帶來了成功的事業。

萊拉近期被診斷出嚴重且難以預期的慢性病，這使得她無法可靠地維持原本的工作時間和所承擔的顧客業務。經過數月疲憊而不規律的行程，且數次為了治療請假，萊拉的同事來找她，要求她重新安排工作行程和責任分工，以及她的利潤分配。

萊拉忿忿不平，表現出明顯的痛苦。在近期與我的會面中，她花了很長一段時間不斷咆哮著關於她的同事們、他們的動機、不適任和錯誤判斷，其中至少三次咬牙切齒的保證，如果他們不收手，她會提出訴訟。「他們別想惹我！」這件事在萊拉腦中糾纏許久，她變得越來越憤怒，我確信我不會是第一個聽到她大聲說出來的人，萊拉全身環繞著滿滿怒氣。

總是會有難過的情緒——就是會有

我們無法避免生活中令人難受的情緒。如果你有好好在過活，就會有情感，其中很多可能會顯得難熬、痛苦、令人為難或者以上皆是，事情就是這樣。

萊拉肯定是位於最低谷。但就算你並未像萊拉一樣面對生命中的大轉變，也會有很難處理的情緒。我上週就有許多情緒起伏，某個衝過廚房的人撞飛了我手上捧的整碗藍莓，當時的情緒可一點也不平靜或溫暖，我可能還罵了幾句以強調出這一點。就像萊拉，我很快就做出指責，也跟她一樣，在那同時我也責怪自己。

身為藍莓愛好者的艾蜜莉，則保持了冷靜。她用心來面對眼前的倒楣事，於是說了她最愛的句子：「喔，好吧。這樣啊。」接著幫我把藍莓撿起來。她的這句話很有感染力，提醒了我需要更向心探求。當我不再為打翻的水果、我的笨拙及某人的不小心而咒罵連連，我不是第一次、也不會是最後一次地察覺，我想要變成像艾蜜莉一樣的人。

當然，我並不想讓自己生活的每個面向都複製於她，但艾蜜莉是我所認識的人當中情緒最受控的，也是極為亮眼的善用此價值的榜樣。我從艾蜜莉那裡學到了很多東西，歸結為：以心為首的力量。

在威脅了生活與工作的疾病以及打翻的藍莓之間，肯定蘊含了龐大的感受，心隨時準備好幫你應對。不只是打敗它或者度過難關，心會召喚對於情緒的直接體驗——好的、壞的、醜惡的，然後賦予你去做該做的事的力量，讓你不會被全然擊潰或做出毀滅性的舉動。這是心最強大的力量，也絕對是過上美好人生的關鍵——一個充滿意義、成就感與平靜的人生。

大家也都會想念我

當艾蜜莉再過幾天就要畢業的時候，想到要離開她心愛的朋友和老師，她哭了。她邊哭邊難過地說她不想離開學校，她說，她會想念每個人，而且她在新的學校裡沒有朋友……不只如此，還有別的事情困擾著她：「每個人也都會想念我啊。」

艾蜜莉全心全意地面對她的處境。即使她正準備慶祝她的成就，她也承認自己的痛苦，用直白的語言指出了她的感受，並且表示她的心感受到這對其他人來說也很難受。她對自己的自我價值保持清醒，並對未來將會發生的事情持開放態度。

在內心深處，她並未刻意用糖衣包覆悲傷，而是在沒有內疚、責備或抗拒之下，給予自己悲傷的空間。直到艾蜜莉提醒我要依靠心——她處理失落的方式，比我看過許多患者的情況要簡單得多，也遠比我自己在面對女兒即將畢業時要簡單得多！

逃避或強化

然而我多數的患者都和我一樣，習慣性地以腦為優先，試著只用腦來處理各式情感經驗，萊拉就是一例。我可以看出，她在許多面向都承受極大痛苦，而腦絕對是主導者，不成比例的憤怒是她的主要反應。在遭受嚴重的打擊後，在腦的引領下，萊拉為了在失去她原有的健康、精力和實現目標的能力的同時，去壓制痛苦的感覺，於是試圖將情緒焦點轉移到指責和嚴厲的報復。對於發生這件不受歡迎的事情的反應，遠超出她的控制，使她整個人激動、難受、陷入困境並與心失去聯繫。

只有在萊拉願意用心，去嘗試將自己連接至直接感受當下她所擁有的痛苦情緒，她才會開始癒合和前行。然而，腦並不喜歡感受到正在發生的事情。在情緒化的情境中，腦與心的應對方式大不相同。

腦最常使用以下兩種看似矛盾的方法。

腦的情緒處理策略一：逃避

腦的第一優先是讓負面感覺消失。腦喜歡忽略、否認或壓抑強烈的情緒，比方失落、恐懼、哀傷、愧疚、痛苦、悲傷、內疚和遺憾，我多數的患者都展現了這方面的傾向。在萊拉的情境中，這些令人難受的情緒會自然發生，而腦會傾向於「保護」她，不去感受這些情緒的存在。

我不得不承認：逃避通常有效！但為期短暫。在萊拉的工作夥伴來找她討論如何「改善」工作安排時，這讓萊拉能夠在會議期間保持冷靜，並且不會當下失控。不幸的是，逃避無法長期發揮作用，且不可避免地會使事情變得更糟。迴避情緒，最終只會使它們更壯大。

迴避是個非常熱門的策略，不過並不是個好方法。

腦的情緒處理策略二：放大

腦會迴避任何一種痛苦情緒，但它確實有個例外——憤怒。憤怒的腦會火上加油，就算已經在燃燒。

腦不會避免憤怒，因為它不會將憤怒視為負面情緒。事實上，憤怒的加劇是腦避免痛苦情緒的方式。對於腦來說，放大憤怒要優於去感受深刻的悲傷、哀傷、孤獨、羞愧、無助和無望等困難情緒的痛苦；只用腦時，我們無法面對這些，但是這些情緒卻是人類經驗中不可或缺的一部分。

腦實際上喜歡憤怒和與其相似的所有表現形式，如煩躁、厭惡和惱怒。研究顯示，腦的多巴胺獎勵中樞會受到憤怒刺激而有反應，這對我們來說非常有意義。很多人都樂於出現憤怒反應，很明顯地，似乎他們能從中獲取一些東西。

腦非常喜歡憤怒，以致它傾向於創造、尋找衝突和致力尋找事情出錯的關鍵因素。腦有許多火上加油的方法，但常年不變的最愛招數，包括了指責或攻擊他人，堅持正確至上，尋求解釋和根本原因，進行無休止的分析和反思，採取受害者的角色，批評和評判（包括對自己）。萊拉囊括了以上六項。

如果憤怒可以馴服其他情緒，我會說：「去吧，好好發洩一下。」但隨著表面上的憤怒益形劇烈，腦所試圖壓下的潛在情緒也會壯大，而非消失。正如萊拉那樣，那些難受的情緒不僅越來越強大，並比原先預期要持續更長的時間。

有時腦是對的：憤怒是正面的

憤怒可以是一種相當有效，甚至是有益的情感。它可以賦予力量，並且通常會在促使我們表現出自信、率直和誠實中，發揮關鍵作用，讓你的人生能夠做出健康但困難的變化。這種建設性的憤怒，有時被稱為有益的憤怒，是基於心的。它與基於腦的反應性憤怒形成鮮明對比，反應性憤怒會讓你的腎上腺素激增，並且很難好好思考。

立基於腦的憤怒只負責接管情況，在你還沒有真正理解眼前正在發生的事情前，將情緒從零調到一百，並將焦點放在外部情況。因此，你會對鄰居狂吠的狗、老是遇到紅燈、打翻你的藍莓或想要減少你的工作的同事發飆。做為反應性憤怒的一部分，隨著你越來越憤怒，你也變得越來越無法讓自己平靜下來。

有趣的是，如果／當你設法讓自己從反應性憤怒中向後退，一旦風暴消退，憤怒就會轉化為基於心的憤怒。基於心的憤怒會將你的注意力引向內心，並幫助你找出究竟是什麼在困擾你——以及你應該怎麼做。和基於腦的憤怒引起的全面癱瘓性質不同，基於心的憤怒試著澄清思慮，並且保持活力與行動力。它像是在呼籲採取下一步動作，去做需要做的事情，看看需要發生什麼，可能是為了你自己，也可能是為了他人或甚至是世界。為了思量這個國家每天有多少孩子受飢而產生憤怒……這是有益的憤怒，它可能會促使你以某種方式致力於消除飢餓問題。

萊拉正經歷著防備、責怪、生理壓力、精神混亂的反應性憤怒，這是剛開始的情況。從萊拉陳述的同事們來找她談的方式聽來，這是可被接受的反應，他們說將減少她的工作時間和利潤份額，完全沒有表現出關心和同情心，不接受她的意見，也常常不會公平討論如何解決他們的業務所面臨的問題。

但隨著時間推移，另一個不同的現實出現了，萊拉原先基於腦的憤怒，只看到他們應該如何當個更體貼、更好的人，更好的朋友，以及這一切是多麼不公平，然而在心的助力之下，情況開始有所轉變。在盛怒之下，無論同事們是否願意，萊拉都無法聽進任何意見，以及處理他們需要共同應對的真正問題。經過幾個星期的談話，在萊拉釐清了她的感受後，她理解了同事們之前確實關注她的健康，因此希望可以兼衡考量她的需求和業務調整，當然，這的確也是她的業務。如果沒有向心探求，萊拉會對她所處的真實情境視而不見，也將無法改善情況或她的感受。

當萊拉和我一起努力降低她的反應並找到平靜，她觀察到她的憤怒（正念）而不對它做出反應或被它淹沒。在那個轉變中，她的反應性憤怒變得有意義。在內心深處，她的憤怒告訴她事情的真實情況和她真正需要做的事。

心讓你看到全景，但它不會粉飾或減輕失落、悲傷和痛苦。當面對痛苦的情緒，心會引導你理解你對自己身處情境感到憤怒的原因。心知道憤怒的主要原因不是你所處的情況，而是你對自己所處的情況感到受傷和難過。

說起來容易，做起來難，但有一個關於如何處理憤怒的明確經驗法則：要麼放手，要麼讓它激勵你。心會幫助你了解你需要走哪條路。

這沒有用啦：腦的障眼法和抵抗伎倆

當然，萊拉並非完全沒有情緒或不再表達情緒，至少她不這麼想。當她在我的辦公室裡陳述關於她的整個故事時，她看起來充滿了情緒。如果腦試圖避免困難的感覺，它似乎沒有做得太好。萊拉疲憊不堪、忘東忘西、睡不好覺，沉迷於自己的冤屈，以及如何透過復仇帶來正義的幻想。這一切不僅影響了工作，還包括家庭，在她最需要支持的時候，讓她與伴侶及孩子間的關係變得緊張。

依腦運作的萊拉實際上是在避免自己被情緒全然淹沒。這是迴避的微妙面向，情感和行為反應因此未能專注在面對真實問題。萊拉的憤怒像是個誘餌，發出類似「看我這裡！」的訊號來分散注意力，並防止她意識到她真正的悲傷和對未來的恐懼。

腦的兩種策略——避免恐懼或悲傷，以及強化憤怒——大多是腦試圖讓你遠離危險，盡可能拉開你與任何威脅或恐怖的情緒之間的距離。如果這確實奏效，我當然會說，好啊，不管是哪一種，都試試看。但以我的個人經歷和專業經驗，以及大量已發表的研究顯示，抵抗情緒只會導致更多的情緒和心理問題——從無以名之但依舊強烈的壓力，到可被診斷的情緒障礙，例如臨床抑鬱和焦慮——而非減少情緒反應。這還是在你考慮去查一查那些，關於未處理得當的情緒對於身體健康影響的醫學發現之前。所有這一切都指出，只用腦來處理情緒是沒用的。

若在我職業生涯早期，我會與萊拉一起努力，將她的憤怒視為其他情緒的隱藏處——在她的情況下，特別是指悲傷。我會和她一起努力達到讓她可以讓自己悲傷的地步。就現在來看，能夠認知悲傷仍然是必要且有好處的，但我的診療計畫現在會更進一步。對於萊拉，我的目標不僅僅是幫助她度過這個難關——面對診斷、健康與工作業務的衝突、一切事情——還要讓她知道如何發現埋藏在她自身深處的資源（心）。這是她能夠用以改善她生活中任何事物的資源，不僅只是在目前她所關注的巨大挑戰期間。

力爭公平 vs. 接受現況

心的方式、艾蜜莉的方式，不只是這個過程的助力；對於更好的人生來說，這是至關重要的。只是打開一個自腦至心的轉變開關，對萊拉和我的許多患者都帶來很大的不同，我自己也正經歷其中。腦尋求（不可能的）公平正義，將會轉變到心所渴求的接受現況。

我姊姊在幾年前去世，我花了很長的時間專注於尋求答案。我想要將她可怕的、可預防的死亡歸咎於某人，對於這是誰的錯去下一個定論。我列了一長串該怪罪的人，腦拚命地想找到一個讓我不會感受那令人難以承受的悲傷的方式，於是用憤怒和怪罪取而代之。我對於這一切的不公平盛怒不已。我知道我姊姊的孩子更難過，我為他們同感痛苦，在傷痛和懊悔中，我覺得肯定有什麼東西可以解決問題，只是我得想出來。我將我自己放在那張單子的最上頭，我的內疚伴隨著我的傷痛和憤怒。

我並不為此感到驕傲，但我明白悲傷的力量強大，腦在試圖保護我，在那種情況下，向心探求並不容易。當親人發生可怕意外時，腦會立刻訴求究責。它想要重回平衡，並傾向於彌補所感受到的不公平。（大腦真的會致力於此。最近的一項研究顯示，如果有選擇，人們會選擇懲罰犯罪者，而非關注受害者。）

如果你覺得自己的首要任務是確保以牙還牙或以眼還眼，那麼可以肯定地說，你只是依腦而行，並且正用腦應對。我很確定，我有很長一段時間就是這樣。

但這樣沒有用，我一點也不平靜，也沒能放下我的悲傷，如果我持續地只用腦的話。萊拉也是如此，腦徒勞地尋求正義，她需要心來為她呈現「事情就是這樣」的全貌，一如我當時那樣。

心明白：事情就是這樣，你正處於你身處的情境。接受現況並不是要贊同這個情況，只是讓你接受情況就是這樣，清楚明確，不會改變。

直到我不再試圖解釋我的感受，我才開始癒合。「我感到內疚，因為我……」「我覺得生氣，因為他們……」心將這一切剝除，直到我直接面對我姊姊已死亡和我姪兒們已失去母親，這個毀滅性的事實的本質。無助、純然的震驚、憤怒……依舊存在，但不再針對任何人，而是對眼前這個令人感覺難以承受的情況，對於怎麼會發生這種事的深刻震撼和感受，同時也全然理解事情就是這樣。沒有什麼能改變這一點。

接受現況與寬恕、接納或理解，並不相同。但接受眼前的事實，及對當前情況和隨之而來的情緒的認知，有助於你和你想要幫助的人釐清並採取正確的下一步。焦點不再是責怪，也無須再掙扎，不再悶著頭針對這一切多不公平，或某人應該（或不應該）做什麼（或沒有做），或我們有權獲得什麼，或為什麼我們不應當得到負面的結果（或者應當得到某個未被滿足的願望）。

心將這些工作留給腦，腦盡力利用這些不滿來保護我們。如果／當腦無法完成工作時，心就在那裡，準備好掌舵。沒有必要把腦扔到船外——它以前很有用，它會再次有用——但是你確實需要稍稍推開它，讓它安靜一段時間。

艾蜜莉是接受現況的專家。遇到讓人難過的情況，她具體明快地跟進，解決問題。她跳過責備或其他，不浪費任何時間，直接走向接受現況，然後繼續前進。我們家的貓上次「逃離」屋子時，我先生和我暴跳如雷地展開調查，是誰把門打開的？為什麼不先把貓圍起來？我們想知道誰應該為這種情況負責——誰造成這個問題，誰有義務解決這個問題？

於此同時，艾蜜莉已經去找貓了。她應該是我們全家對於貓咪走失最傷心的人——我家的寵物是她生命中很重要的存在，照顧好牠們對她來說非常重要——但她的心很快地讓她接收到事實。貓「就是」走失了。艾蜜莉沒有浪費任何時間在悲傷或責備或計較得失，而是把心力放在如何找回貓。這就是她做的——我們其他人後來總算加入她的行列，直到開始下雨後再次放棄。

在我姊姊死後，一如往常，在我能夠擺脫悲傷前，艾蜜莉是我需要學習的典範。我那以腦為優先的原始反應，在面對可怕情境時或許是合理的，但也對我和我的家人帶來折磨。我沒辦法改變可怕的事實，但向心探求確實驅散了我周遭的陰霾。我可以看得更清晰、更有效率，並且以一種療癒而非向下墜落的方式，來悼念我的姊姊。藉由艾蜜莉的例子，我不需要靠研究來告訴我心的真實，但我並不意外去年看到了某個研究證實，接受我們的負面情緒能夠降低我們不斷強化這種消極情緒的風險，並增加治癒的可能性。

我是受害者！

腦讓你覺得自己是受害者，這是我姊姊去世一事在我身上發生的情況，就像當時艾蜜莉被診斷時那樣，這也是發生在萊拉身上的情況，而艾蜜莉從沒浪費時間在這樣的自我形象上。認為自己是受害者，是一個向心探求的跡象，這對你有所助益。心知道你永遠可以選擇——不是選擇發生什麼事，而是選擇你如何回應。心知道你擁有力量。

我曾經對萊拉採取同理心療法，一同加入她對於自己是個受害者的看法。（一如我過往那樣，用腦來工作！）當然，一切真是太不公平了，她理當感到憤怒，她受到了傷害，想要反擊、攻擊是再自然不過的事。

今天，我仍然使用同理心來建立聯繫和關鍵確證——萊拉身處可怕的境地。但我不再認為我的患者是受害者，我的首要任務是為患者留出空間，去感受他們的感受，無論他們感受到什麼。這包括受害者對於受創情境的原始感受，但通常在患者轉向心探求後，那感覺會被認為是阻礙，而無助於治療。

接著，我的工作並非立基在受害者的角色上去發展，而是幫助患者與心聯繫，從而找到他們自己的力量、能力和支持體系。我希望患者了解自己的資源（心）和實踐能力。我幫助他們遠離其他人的影響（這是腦最喜歡的主題），用心來重新聚焦在自己真正的感受和想要的東西，對他們來說重要的東西，以及他們將在哪裡找到堅持下去的力量，即使是在此刻（在如此困難的情況下），無論那些感受和渴望是什麼。我與萊拉一起努力，幫助她找到對自己的真實感受（而非其他人），她能在她的情況下做些什麼，她想做什麼，不管他們公司是否在她沒有任何發言權的情況下就為她決定了一切。

不管感覺如何都很好

心也特別會對於情緒採取接受現況的立場。就像艾蜜莉對於畢業的感受，心接受任何感覺。心知道，不管你感覺如何都很好，心會幫你不帶評判地接受情緒。

如果你的丈夫離開，妳感到非常非常傷心，那沒關係。如果他的離開，讓妳感到自由，也不要緊。又或者妳同時感覺悲傷和解放，那也很好。心知道你可以去感受你的感受，無須修正或改變自己或那些感受。我現在的首要任務是為患者留出空間，讓他們去感受。

我有位長期患者在一次會面中拿出一枝筆，開始在手上寫字，用簽字筆寫下「我只是想要在需要的時候記住這一點」，她解釋道，並讓我看她寫的筆記：

我將會經歷所有的感受。

我能面對。

心支持對於情緒的直接體驗——我們會用誠心誠意來形容，這是有道理的——並且它一點也不擔心無法處理情緒。心能夠承擔傷痛和失落，甚至毀滅；它就是有辦法。（你也可以。）心不害怕感覺。心知道，當你試圖推開感覺和情緒，讓自己被陰影籠罩時，它們會變得更龐大、更可怕，因此它會使它們與你保持緊密，而且是在光明之中。心是勇敢的，會給你勇氣讓你面對困難的情緒，而非遠離它們。

是你的腦在運作

將腦放在一旁，好讓心的作用更加明顯的關鍵方法，是識別出「腦運作」在你身上的特徵。這是萊拉正在學習的——觀察她的大腦如何積極抗拒和強化情緒，以及當這些策略對她產生作用時，看起來和聽起來是怎麼樣的。當她來找我時，主要表現出這是不公平的／不應該這樣對我／我要報復他們！萊拉也開始意識到她的腦會傾向尋找解釋（這是因為我與不值得信任的混蛋工作！）、編造故事和妄想未來（我的未來整個毀了）、尋求公平（我要提告！）、主張正義（我會讓他們好看！）。還有很多基於腦的憤怒轉化為攻擊形式，試圖掩飾和分散注意力（那些混蛋！）。萊拉也開始意識到，她的腦滿足於徹底做到這一切，直到心力交瘁的程度（反正我沒什麼好保留的）。

每個人的腦運作的具體方式多少有些不同。但是，一旦你了解了心和腦如何運作，你所需要的，就只是願意稍微多自我觀察，每個人都能找到自己的模式。以我為例，我發現一旦我確定了我的腦打算做什麼，我幾乎可以立即導向心。我還是常常會跳回腦，但當我這麼做時，至少我知道該怎麼做才能再回到心，只要我意識到我做了什麼！認知到你的腦正在做的事情，能夠讓你將它移開並回到心。

這就是我與萊拉談論的內容。對她而言，腦的主要表現形式，是在她腦中不斷反覆出現的她與想像中的敵人之間充滿爭議、憤怒的對話。不出所料地，在剛開始時，她不願依賴腦之外的任何事物——這是以腦為優先的常見情況——但她感覺越來越糟，因此願意嘗試另一種方式。最後的結論是：她寧願讓自己感覺好一些，而非執著於自己才是對的。

漸漸地，萊拉學會對自己說：「嗯，又是腦在作怪了，這些和想像中的敵人的對話。」她能夠善用其間的空隙，讓自己向心開放。

以心為優先時，萊拉開始試著放下要求解釋的需求（事情就是發生了，就是這樣），或捏造故事／過度揣想（我不可能真的知道未來會怎樣），也變得不再汲汲於要求公平（哪有誰在跟妳比較呢？）或導正現況（也許該考慮找個兼職的工作）。

以心為優先時，萊拉得以放下令人疲憊的個人恩怨，以及生活是如此不公的憤怒，開始去感受到被這些掩蓋住的情緒，從圍繞著她的健康問題的感受開始，畢竟之前在她與工作夥伴間的較量比劃之下，這些感受全銷聲匿跡。

我知道這聽起來好像過度簡化，但並不表示事情不是這樣發生：一旦萊拉能夠知道腦在做什麼，她就能看到心，而一旦她察覺到心，她就能以心為優先，如此一來，隨著她逐漸意識到自己的力量和復原能量，以及朝向一個不一樣、而非更不好的新生活，她能夠開始從她個人的懊悔和恐懼中回復。她不再計較公平，而是轉向接受就是這樣。我知道她將能夠持續地運用心，往前邁向前方不斷開展的人生。透過心，萊拉發現她實際上可以掌控那些在她以腦主導時，感覺像是要毀滅她的一切。

說出來

我發現當我需要觸及心時，有提示語或提示句會非常有用。你可以使用任何你喜歡的語句；使用相同語句或隨機變化，大聲朗誦或心中默想，不斷循環反覆或一次用一句。不管你選擇哪種方式，當遭遇困難情緒時，有個我最推薦的句子，也是我自己最常使用的，那是艾蜜莉的：

喔，這樣啊，好吧。

另一個我經常使用的句子比較沒那麼簡潔，但在我需要時，能提供更為明確的指引：依心而為，人生還很長。我會有足夠的時間和空間讓自己感覺好一些。

既來之，則安之

我不認為人生應該要讓你感覺好過，但也不是存心要讓你覺得悲慘。人生就只是用來感受的。——格洛麗亞・內勒（Gloria Naylor，美國小說家）

既然將惱人的情緒推開，只不過更突顯了原本就不舒服的感受，因此應該要有更好的方式。借鏡受歡迎的禪學思想，我建議你試著改以「既來之，則安之」的態度面對。這和心的作用不謀而合，會使你出於本能地迎向心的到來，並且能夠以愛和接納來面對你的所有，包括混亂的那一面。

不管面對的是什麼，心會說，不要緊。為什麼要大驚小怪？好好看看哪，心會說，對它產生好奇，去體驗一下。不要迴避、也不要反應過度，迎向你的感受，不帶評判地觀察它們。透過實際的體驗，你將學習到你實際上可以與不舒服的感受安然共存。它們也終會逐漸消失。

你不需要一派正經地端坐才能這麼做，但是你可以。讓自己安靜下來是有幫助的，但關鍵是讓情緒安頓，不管你正在做什麼。不論內容為何，你需要單純地去體驗你的情緒

「是什麼」。你會發現要自己不去掙扎不是那麼容易，但即使是最以腦為優先的人，當他們必須這麼做時，也辦得到。願意與你的情緒共存，長期來看，可以讓複雜的情緒較不會持續，也較能促成療癒。

練習：別擔心，我不會告訴你「只要呼吸」

當情緒湧上時，進入心的唯一途徑就是放慢速度。腦總是急匆匆地，尤其是在情緒作用之下；它最喜歡的情緒反應節奏是在零秒中，從零衝到六十。

你可以試著用以下這個方式讓自己慢下來，即便你以及你的腦並不認為你想這麼做：保持呼吸。

我自己有一個，甚至是我（最以腦為優先）的患者們都願意嘗試的方法。這是我在帶領一整群腦強者——新進的住院醫師——時，所學到的技巧。當時我很幸運地有個較資深，且在偏鄉醫院擔任過助產士的住院醫師，在某個特別難熬的值班夜晚，她分享了一個她一開始用來安撫臨盆婦女的技巧：呼吸，以及計數。

腦喜歡計數。因為數字很清楚、很明確，符合腦喜歡計分的調性。等它發現這個計數的最終結果並沒有要宣布贏家，已經來不及了！

如果你想要整套練習一次，你可以這麼做：

緩慢地深呼吸。

吸氣時數到五。
吐氣時數到七。
反覆進行。
就是這樣。

讓吐氣的時間略長於吸氣，如果你有興趣的話，鑽研身心健康的人們可以告訴你為何這樣是有幫助的，但說真的，怎麼樣都不會錯，總之，選擇可以讓你更專注於呼吸的方式去計數吧！吸氣時數一，吐氣時數二，不斷循環，或者去數你的呼吸次數，數得比五或七要多或少，都隨你高興，只要呼吸就是了！

有意識地呼吸，不管你怎麼做，讓腦安靜下來，心將隨之浮現。

當我們談情緒時，談的是什麼

稍微倒帶一下，我想談談情緒究竟是什麼。哲學、心理學和演化生物學的各個派別，都致力於定義情緒和試著標舉出各種情緒——而儘管有許多普遍認同的觀點，但沒有得出任何確定的答案，又或者明確的共識。此處我不打算深入探討，如果你想要浸淫其中，有很多方式可以供你自行探索。

聚焦於人們如何在生活中處理情緒的能力這個重點，我想討論的是出於腦和心的情緒，以及它們之間的相對特徵。我發現，這個討論框架運用在個人和專業上都很有用。

從實用目的來看，出於心和腦的情緒，其主要差異在於持續時間：基於心的情緒會更持久，更像是個存在的狀態而非過去的經驗。

基於腦的情緒是暫時的，且本質上是會過去的。但腦本身不會特別關注到這一點。處在痛苦的情緒中時，我們常常無法想像會好轉。這是腦在強化情緒的一部分作用。「這感覺好可怕！它會永遠持續下去！」只有心知道，基於腦的負面情緒是有限的。

（在某些情況下，負面感受不會隨著時間的推移而緩解，需要進一步地治療。因此我想討論情緒，包括非常困難的情緒，好避免臨床診斷評估上的可能缺陷。事實上，對於負面情緒狀態的不妥協是使其「可被診斷」的因素之一。）

基於腦的情緒有觸發點；一定是發生了某些事情導致情緒出現，如遭受侮辱（仇恨）、受威脅（恐懼）、被嘲笑（羞恥）。這些事情通常來自外部，比方萊拉近期處於「他們別想惹我！」的狀態（憤怒），是由於從她的角度，見到公司對她的迫害（外部事件）而觸發。當你被觸發情緒時，無論觸發點是什麼，幾乎總是因為你在某種程度上對它感到害怕。

基於腦的情緒通常是學習而來的。基於腦的情緒反應，其後有著文化養成的背景因素，至少有部分來自於我們被教導的文化規範，或者源自於我們從生長環境中所吸收的經驗。要辨別你是否在面對一個學習而來的情緒反應的方式，如前所述，注意那個情緒是否源出於「應該」。

舉例來說，我感到愧疚，因為我應該要想念我在學校裡的孩子。這是基於腦的罪惡感，源出於你所習得的，父母應該總是想要和孩子們在一起的觀念。萊拉對於減少工作時數感到丟臉，可以回溯自她所習得的成功是代表著保持忙碌的文化。

你應該如何感覺

你是否會告訴自己「應該」（或者「不應該」）有何感覺？

我應該為了丟下他們而感到愧疚。

我不應該因為和那個混蛋分手而沮喪。

我應該要對她生氣，不付帳單又不回我電話。

我不應該對孩子們感到不安……

當涉及到感覺時，腦會忍不住拋出你應該如何的思考。這是加劇負面情緒的好方法！所以注意傾聽所有的應該；這能讓你確定是否處在腦運作的狀態，並且正需要心來相助。

心會透過接納它們的真實存在來減輕情緒的強度，無論它們是什麼。以心為主時，你的情緒為何，或者它們帶給你何種感受，都沒有應該或不應該。它們就是你的情緒，你擁有情緒，而真正重要的是，以此為始，你接下來會怎麼做。

恐懼還是愛？

要讓自己區分出那是基於腦和基於心的情緒的最快方法是：你的體驗當中，最基本的感受是愛嗎？潛藏在一切之下？還是恐懼？

你可以猜出哪個答案意味著心。但總是其中之一，恐懼或者愛，藏在你足以名之的任何一種情緒之下。而你究竟以心還是以腦為優先，將會影響你如何感受。在分手後，面對孤單，以及失去所愛，腦可能會憤怒，但心會憂傷。在那些情緒之下：恐懼？還是愛？

恐懼是定義腦的領域的主要情感。恐懼有許多表現——最著名的是焦慮和擔憂。大多數負面情緒——憤怒、嫉妒、內疚、羞恥、憎恨、厭惡——都是以腦為基礎的。無論你多細膩地加以標誌分別，這些情緒的基礎通常都是某種形式的恐懼。害怕孤獨、害怕受到傷害、害怕錯過、害怕不值得、害怕被嘲笑或被排斥、害怕未知。

現在你是不是很高興基於腦的情緒就只是暫時？即使是最具毀滅性的負面情緒也會過去。如果沒有意外，情緒會因情況發生變化而改變，僅僅因為時間流逝。

另一方面，心不會恐懼。愛是定義心的領域的主要情感。愛也有多種表現形式，包括希望、信任、快樂、幸福和平靜。悲傷也是一種愛的形式——起因於失去了所愛的具生命的事物（人、寵物、精心照料的盆栽），或期待的未來（「完美」的孩子、安穩的工作、持續的關係）。同樣地，悲傷和孤獨也是心的情感，與失去和渴望愛與聯繫有關。

愛基於心，而不是基於腦，因此與其他情緒不同，愛可以是永久的。當然，也有可能會失去愛，特別是愛情。隨著反覆的傷害或背叛，人們可以停止愛朋友、鄰里或國家。被愛也是有條件的，取決於你無法控制的事物。但是你去愛和感受愛的能力是不變的，不受外在影響。愛能夠抵抗文化教養習慣、暫時性或環境變化。愛是我們唯一能夠說出「我會永遠……」，並且準確無誤的情感。

愛不需要被觸發。「愛」是永恆的，不依賴於單一原因。它是一種理解、快樂、有意識地連結、奉獻和信任的狀態，其組合因人、因情勢而異。

無論是否被觸發了其他情緒（憤怒、恐懼、仇恨、傷害），你都可以同時愛。你可能會對你的孩子或伴侶生氣，但仍然愛他們。你可以對整個宇宙發怒，但依然帶著愛。（這是我打算幫助萊拉達到的境界。）

是心讓你超越所有的情緒觸發點，並且讓其下的恐懼得以歇息。

從心而為時，情緒觸發點是用來引起你的注意並創造學習機會，而不僅僅是麻煩的事件。心會看到這種情況是為了你發生，而不只是發生在你身上。

無論社會上說我們應該或必須愛誰，就像羅密歐與茱麗葉，我們愛我們所愛的人。我們愛自己所愛的地方，無須考慮所學習的信念，無論是對自己的愛，對別人的愛，為某個原因而愛，又或者對於意料之外或不受歡迎或不受喜愛或受到壓迫的愛。

愛是有選擇性的（對於特定的人），當從心而為時，則是非選擇性的。這種基於心的愛，會讓你在許多領域（工作、家庭、朋友、陌生人、你喜歡的人、你不喜歡的人、以及你不認識的人……）都能賦予愛，專注在當下，體貼、熱情且積極。換句話說，那是種超越情境或環境的愛，無條件的愛。這也是我透過觀察艾蜜莉，因而渴望學會的那種以心為本的愛。

我每天早晨都提醒自己：「今天請讓我生活在愛裡。」我並不總是達標，但我將這句話做為基準點以及目標。

辨別你的腦

辨識出你在從腦而活，是讓你確信加上心會有所幫助的一個方式。以下幾點將協助你分辨是否在從腦而活。

你是否：

1. 容易生氣？
2. 害怕？
3. 覺得惱怒？
4. 嫉妒？
5. 沒耐性？
6. 容易分心？
7. 再三思量？
8. 容易拖延？
9. 斤斤計較？

10. 忿忿不平？
11. 責怪他人？
12. 具攻擊性？

其中任何一項都在提醒你，好好向心靠攏，將可以緩和你的情緒狀態。第一步，也是最大的一步，就是認知到這一點。

哭泣

哭泣通常是你正在從心而活的一個徵兆。從某種意義上說，你明白這一點：回憶一下你在婚禮上快樂的淚水吧。當我的患者哭泣時，通常表示他們開始從腦轉向心。他們變得非常安靜，寡言，然後淚流滿面。那時我知道，心的治癒力開始作用了。

你可能聽過有人解釋，他們哭泣是因為「我只是感情用事」。這是對的！當你從心而活時，你會感受到腦想要避免的感受。哭泣是這種情感即將來臨的一個信號——你已經觸及了心。

艾蜜莉的情緒感知

艾蜜莉處理情緒時有個典型方式，幾乎每次觀察都讓我驚訝。艾蜜莉一派自然地泰然處之的方式，對於我多數的患者來說卻如此困難，事實上，這也是為何他們會來到我的辦公室。她顯然沒有認真鑽研過正念，但她依舊體現了所謂情緒正念的過程。

1. **艾蜜莉會注意她的感受**。最近，她在解開襯衫釦子時遇到了困難。她停了下來，讓自己從掙扎中稍事喘息，同時理解自己的感受。（在任何情境下，開始注意到自己的感受的這個動作，就是向心探求的方式。）

2. **艾蜜莉將她所注意到的情緒轉化為語句**。「好吧，就這樣了。」她邊說邊停止解開釦子，「我好挫折！」

3. **艾蜜莉不帶任何評判**。艾蜜莉覺得沮喪和窘迫，因為她沒辦法達到準備好上學，得以和朋友們在一起的目標，但她沒有因此評判她的感覺是對或錯、好或壞，也未因此責怪自己無法扣好釦子或乾脆放棄，讓事情變得更糟。她感受到了任何人都可能會有的情感，僅止於此，不讓它發展成自責或羞愧。這種對於所見不加評判的開放態度正是純粹的心。

簡化情緒用詞

像艾蜜莉一樣標記出你的情緒，將會開啟體驗情感的重要入口，這不會徒勞，也將是通往心的重要入口。

有一種常見的治療方法是透過識別自己的情緒，並精確地選擇不同的詞彙來描述你的感受，從而獲得真正的改善。但是我不再那樣對待我的患者了，因為我已經知道，試著去找到那些精確詞句，反而會讓人更加地深陷腦的運作。

心的詞彙非常簡單。當你依心而為，你將會使用最簡單的字句（這也顯示你確實處在心中！）如果你還沒有，但是想要，或者需要召喚心的幫助，使用簡單的字句會是個好方法。

這個難以置信的強大轉變，來自於使用最簡單的詞語來描述你的情緒。我的辦公室裡不斷上演這個情境；患者們進門時完全處於腦主導的狀態，字斟句酌地描述著他們的感受。我負責的角色是說：「好吧，慢一點，讓我們回到（置入他們剛使用的某個花俏的情緒用語）的部分。我很好奇這一點。」然後引導他們走向精簡的描述。大幅度地精簡。

更常見的是有些患者進了診間，但是完全沒有辦法描述他們的感覺。那麼他們的一部分功課，是要找到描述的語彙——但依舊要保持簡潔。

無論哪種方式，選擇最簡單的情緒用詞，對我們多數人來說都是出乎意料地困難。這是為了擺脫腦容易過度分析的毛病，好直達問題的真正「核心」，但這通常會引發腦的抗拒。

情況通常是這樣。「妳沒辦法相信我老公有多憤怒！」「好吧。那妳的感覺是什麼？」「我跟他說他必須停止大吼大叫。」「好啊，那麼妳那時的感覺是什麼？」或者像這樣，「他的反應讓我很不安。」「好，你可以簡單地描述一下嗎？」「我很困惑。」「你可以試著用一個非常基本的形容詞來幫助我理解你的感覺嗎？」

任何人都可以簡化他們在情緒中使用的語言，將困惑的、嚴重的，或甚至是有壓力的或令人焦慮的這類用詞，換成更基本的描述語。我發現讓我的患者特別聚焦在下列這些情緒用詞上會很有幫助：

傷心
生氣
高興
害怕
厭惡
喜愛

為了幫助孩子們處理情緒，我們教他們使用簡單的用詞——皮克斯出品的《腦筋急轉彎》（*Inside Out*）在提及情緒時，只用了傷心、生氣、快樂、害怕和討厭。我相信這一套對於成人也很適用，所以我給我的患者們和皮克斯相仿的清單，但在我的清單上，我加上了「喜愛的」。我喜歡有（部分）押韻的清單——傷心的、生氣的、高興的——我想這確實有助於人們記憶。

無論哪種方式，我不再關心患者們究竟是感到高興還是興高采烈，生氣還是惱怒，害怕還是沒有安全感。我只想知道——也只想讓他們知道——他們的感覺是高興的、傷心的、生氣的、討厭的、害怕的還是喜愛的？這些字句是進入心的直接途徑。

留心「但是」

就算是在正面或者基於心的情緒中，你可以預期腦會試著帶來黑暗面。如果你想要持續處在心中，就得留意那顯示你正從心移向腦的小小線索：

「但是……」

舉例來說，那個獨幕劇可能像這樣：

心：耶，我獲得升遷了！

腦：但是我可能會搞砸新工作。

同一個編劇家也會告訴你，「我非常愛這個女人！但是我配不上她。」以及，「我的孩子進了球隊耶！但是我姊姊的小孩是校隊而且在榮譽榜上。」

如果你注意到了那個「但是」，那麼你知道該是翻過頁，好讓自己停留在心中的時刻了。

你怎麼感覺不等於你的行為

腦的常見錯誤是：將情緒與行為混為一談。

首先：腦喜歡告訴你，不只是你「應該」有何感受，還有你「應該」有何相應的行動。你真的很生氣？毫無疑問地，你應該繼續大吼大叫！畢竟，你真的很生氣啊！

其次：根據腦的看法，「覺得」像在做某件事就和真的去做那件事是一樣的。這就是為何我們會為了有某種感覺或某個想法而感到內疚，因為這對腦來說是合理的。覺得想要放朋友鴿子，懶懶地穿著睡衣宅在家？你這種行為（想法）真是糟透了！就算你最後還是如期赴約。

心對於感覺疲倦或不開心，或者單純不想和某人（即便是好朋友）出門沒有意見。對心來說，這些就是感覺，實際存在於所謂好或壞、對或錯之外，這些感覺也並不代表你最後將採取什麼行動。

同時，心會將行動視為選擇。當你真的很生氣時，有時你會選擇大喊大叫。有時你會選擇平靜以對。更多時候，你根本沒能真的選擇——腦會劫持這個過程，不待繞道或評估地直接將情緒轉向採取行動。但是心會希望你做出選擇。

嫉妒

嫉妒真是個令人身心疲憊的感受，這是我的許多患者面臨的問題。

腦很愛進行比較，而比較是羨慕和嫉妒的基石。那些以腦為優先的人會經歷羨慕和嫉妒，這兩樣會帶來痛苦和疲憊，對於心理健康有致命影響。我得說，那些去尋求心理醫生幫助的人們，他們的問題清單上通常都列了這幾項。

例如，有個患者突然很討厭他的室友，因為她被醫學院錄取了，只因為「她父親也讀過那裡」。或者一位患者因為她妹妹「不用努力就能瘦」而討厭她。有位患者私心希望她最好的朋友會在這已經是第三次的成功商業冒險中失敗。另一位患者忿忿地抱怨，他哥哥總是毫不費力就能交到朋友。

你知道誰不太會嫉妒嗎？艾蜜莉。她不太會比較、分類、區別或計較。艾蜜莉注意到別人很擅長某事時，她從來不會想，我做得沒那麼好（事實上我爛透了）。她只會認為，哇！那個人做得真好！她並不關心誰是班上的「特優生」；她在學校裡時是這樣，現在她在學前班幫忙，也一樣不關注這件事。她不會抱怨為什麼這世上所有人都有比她更快的頭腦，能做更精細的動作，也不會因為這個事實，而因此對自己做出任何結論。當她不能正常行走時，她可能會抗議，或者當她無法立即理解某些事情時，她會感到沮喪，但是不會有「我是比較不好的」、「他可以但是我不行」這類評判。對於我們這些有著熱愛比較的腦的人來說，儘管有時思考敏捷，但我們需要有意識地向心探求，好克服腦傾向嫉妒的本能。與嫉妒相反的，是對另一個人的快樂、成功或好運同感喜悅，當你體驗到這一點時，這是你正處於心的一個明確標誌。

計算也是腦運作的特徵。腦喜歡計量，比較多或者少，這沒什麼不好——除非當你覺得自己沒有達標的時候。腦有著精細琢磨的比較能力，以及善於估量和評估，再加上一個可以把正面轉至負面的選擇偏好（很常見但並不總是有效的「這是為你好」的策略），你會發現，腦會過度誇大你所沒有的、低估你所擁有的，然後告訴你，總之你就是比……嗯，任何其他哪個人都要不足。

嫉妒可以回溯到感覺缺乏。因為我沒有我需要的東西——這可能是某樣你真心需要的事物，或者想要做的事情。但更麻煩的是，因為沒有別人擁有的東西，這讓很多人都過不去。

這會讓你發瘋，讓你覺得人生很不公平，一切都不值得，也沒有努力的意義，你甚至可能不明白到底是什麼你感到如此悲慘或不足。

心則將焦點轉移至豐足的那一面。它會強調你所確實擁有的事物，忽略所沒有的，這讓一切變得不同。

我漏了什麼？

腦可能讓我們容易嫉妒，但心會確保我們不必持續這樣。

當你感到嫉妒時，那是因為你確實眼界過小。我並不是說這是一種判斷力或道德上的缺點；我的意思是，你只是沒有看到整體情況。你可以透過問自己以下這些問題，來抵消這種情況並觸及到心：

我是不是漏了什麼？

是不是有什麼是我沒有去看到的部分？

我是不是過分看重某些我被教導了該關注的事，但其實對我來說沒必要看得那麼重，或者對我來說已經沒有那麼重要（例如，年輕的肌膚或專屬辦公室）？

最後一個問題是關鍵，因為它讓你關注你可以控制的那部分。

你會得到你自己的答案，但也許你會發現下列幾項常見的被忽視的關聯：

從某些面向來說我很幸運。

是時候檢討我的價值觀了。

我或許該考慮多和那些關心我的人們出去。

人生很長，還會有其他機會。

我羨慕的那個人和我們每個人一樣，都會有自己的煩惱。

我羨慕的那個人是真的真的很努力才能達到那樣。

大部分時候，真實的情況是，我們已經脫離了我們自己的軌道，而走在別人的路上。你發現你自己關注他人的人生，將之與自己的人生比較，儘管二者根本如蘋果與橘子般不相類屬。如果你注意到自己偏離了，你可以試著回到自己的軌道上，專注那些你已經達成的、你的經歷以及你的目標。如此一來，不管你往哪裡去，你都能依心而行。

心有解方：感恩

恐懼和感恩無法共存。科學研究顯示，能夠感恩的人是比較快樂的，但在練習感恩前，首先我們得記住：這是一條雙向道。當你處於恐懼中時，很難感到感恩。

感恩是心在面對可追溯至恐懼而生的痛苦情緒的解藥，但腦沒有感恩的能力。完全處於腦運作以及只用腦的人，在「去」感恩時會遇到很多麻煩。（你必須「去」感恩，這不是會自然發生的，需要透過練習。）

因此，當你感到沮喪，或正在痛苦情緒中掙扎時，那並不是開始寫感恩日記或盤點你所受的祝福的好時機。

從長遠來看，在你能夠的時候去練習感恩，是幫你在痛苦情緒出現時預先準備的好方法。這是進入心的一種方式，你越常自腦移轉至心，就越容易做到。

你不必隨身帶著感恩日記，我們可以從簡單的開始。比方說，也許哪天我會有些想不起來我多麼快樂。為了能重新連接，我會想要回想起在長時間斷電後，重新大放光明時所感受到的快樂。鬆了口氣，沒錯，同時非常感謝在一片黑暗後終見光明，感謝洗碗機恢復運作，還有，感謝老天，網路回來了！對我而言，回想起這一點是通向心的橋樑。

心提醒我們，我們現在這樣活著很幸運。也許不是一個完美的世界，但是我們有自動馬桶、疫苗、超市、壽司。我們可以用音樂劇《漢密爾頓》裡的名言（或者該說是林-曼努爾・米蘭達在劇中寫的那首《舒依勒三姊妹》的歌詞也行，那些有在追音樂劇的朋友們應該瞭解）：

舉目四望，看看四周，我們何其有幸能活在此刻！

現在這個當下，做什麼比較好？

為了感恩，或者單純為了不要掉進腦只關注錯誤的陷阱，你可以使用正念練習中的簡單干預。

問問自己，現在這個當下，做什麼比較好？

因為即使在混亂中，也有些什麼存在。不一定是多大的事物，也不見得要能夠解決什麼問題，甚至不需要很持久。無論如何，有意識地轉移你的焦點，會讓你轉換到心，稍稍打住腦的運轉。你所要做的就是注意：這件事情開始讓我的情緒暴走了，而在這個當下……我該打個電話給朋友尋求協助……啊，今天的陽光灑在臉上的感覺真舒服……嘿，我手邊有杯咖啡呢！

這只是腦搞出來的

標誌出腦在做什麼，你就幾乎是在通往心的路上。

第一步：喔，嘿，我知道這是什麼回事：是腦在作用。

第二步：這就是腦的把戲——〔填入那個把戲〕

第三步：要記得（這是關鍵）：這只是腦搞出來的。

無論腦在做什麼，它一定會竭盡全力，試圖保護你並用盡所有技能。這不是因為你處在緊急狀態、生病了、遭受挫敗或被批判。這只是腦在做它擅長的事。

如果我不是沮喪的那一個？

你自己的情緒不是你唯一需要處理的情緒。驚訝吧！當來自他人的情緒是痛苦且／或激烈時，要處理它並不容易，心情是會傳染的。許多研究顯示，人們會從周遭快樂的人們身上「感染到」快樂，一起歡呼。但同樣地，身處心情低落的人群中，你也可能因此變得更加沮喪，當你生氣時，也會因周遭人的怒氣而變得更生氣。

當你面對他人的情緒時，心已經準備好、願意並且能夠給予協助，不僅只是你自己的情緒。實際上，能夠很好地面對他人的情緒，也能有助於處理好你自己的情緒。當你試圖僅使用腦來處理時，很容易把自己搞得很緊張。

不管別人正處於何種激動的情緒，心的應對處方很簡單：

安靜下來。保持平靜。傾聽。

當你要開口時，試試比方「我在聽你說」或者「我能理解」。通常，這些字句或類似的語詞就是你所需要的。你不需要提出任何建議，也不需要將此當作是「教導時刻」。如果看起來似乎適合說更多話，不管你說什麼，記得這個基本觀點，你不是專家，但你確實是關注對方的傾聽者。

心知道這就是你需要做的，且一如既往，心會召喚你這麼做，也讓你能夠做到。謝天謝地，因為對身為心理醫生的我來說，要能遵循這些心的指引並不總是那麼容易。面對家人或朋友，以及有時是患者，當他們正在表達情緒時，「乖乖閉嘴」並不總是我的第一個念頭，不管是直接或間接的。腦總是會第一個冒出來。我有如此多的想法，我想要開導他們！我可是個專家！特別是情緒問題！但我學會深入心中，在對於他人和他們的情緒做出反應前，這絕對值得有意識地去努力。對於我和對方來說，這能夠幫忙緩和那些痛苦的情緒。

心接受源於某些現實因素的現況；這讓人們得以面對痛苦的情緒，不會因此心碎、崩潰或受傷。心明白接受現況能幫助我們療癒，不論是面對日常生活中的小事件或改變生活的大事。

最重要的是，心強調去擁有各式生命經驗。當腦優先考慮安全，心會關注其他面向。對於心來說，經驗能帶來成長、學習和改變。經驗會出現在我們於困難時持續前行、面對不確定性和管理情緒時——這也是心為我們提供動力的原因。經驗是所有心之所望的基石，也是幫助我們了解自己，在生命中找到目的和意義，創造聯繫和歸屬，以及生活在愛中的基礎。美好的人生和它的組成會因人而異，但基礎是一樣的。它建立自我們所經歷的生命經驗，座落於我們的心。

第五章

最重要的是——做你自己：你是誰、你想要什麼、什麼才是真實的你

輪到艾蜜莉來決定今晚全家人的菜單了，她有明確的偏好。「我想吃印度咖哩雞！」她弟弟有自己的想法。

「不，小艾，妳不想。」他接著提出自己的建議。

艾蜜莉不為所動。「是的，我想！就是這樣，我想！」

即使面對的是來自她很喜愛的人的反對，以及試圖改變她的意見，艾蜜莉仍絲毫不受影響，她堅持她真心所向。

在那一天，艾蜜莉的真心是，「我想吃印度咖哩雞」。艾蜜莉一直是如此生活，遠不止於吃什麼。這樣的態度展現在她下決心要在日托工作時，也展現在她因為不想游泳而拒絕帶泳衣到營地時；在她宣布自己想參加戲劇演出（在無法讀劇本的情況下），以及決定不報名競逐第二次的演出機會時。也展現在她選擇波卡圓點襪來搭配印花洋裝，以及儘管被親戚們連番嘲笑，她仍堅持詹姆斯・泰勒是她最喜歡的歌手。艾蜜莉很了解自己，以及自己想要什麼，而且她始終堅持做自己。當她面對真的很重要的議題（她打算如何面對這世界？）——以及當那件事對她來說很重要（我喜歡《你有個朋友》這首歌），她都是這麼做。無論何時，艾蜜莉會做她自己。

艾蜜莉非常體貼，但她並不關注別人對她的認可，她並不擔心她的真實自我會改變別人對她的看法。她弟弟是否對印度咖哩雞感到失望，與他對她的愛無關。艾蜜莉對此毫無遲疑。無論她的朋友是否與她持不同意見，他依舊會是她的朋友。艾蜜莉不會掩飾她是誰或她想要什麼，她也不會讓任何其他人來為她決定。她一直都很接近她的真實自我。

人們渴望闡述真實的自己，但是……

我了解到我的許多患者有時會無法保持這種明確的態度。我的工作經驗告訴我，人們渴望講述真實的自己，渴望成為他們自己真正的樣子，追求他們真正想要的東西，渴望活在這些真實當中。但他們知道，至少在他們心中的某個角落，那並非他們現在所在之處。

潔思敏來找我的原因是她處於高度焦慮。她正在計劃婚禮，掙扎在失眠和煩躁中，恐慌症發作。潔思敏劈頭就告訴我，這絕對不是婚前恐懼症。她很愛約翰，非常想和他一起生活。

但最近，潔思敏覺得有些什麼消失了。我推測是心之所望未完滿的影響。她先是開始反覆思量自己原先做的每個選擇。這是腦在運作，讓她不斷地質疑現狀。

對真我的渴望是心的呼喚。心的主要願望是了解真實的自己，並讓其為人所知。這可以適用於許多領域，但當問題關乎我們到底是誰，以及我們真正想要的東西是什麼時，展現得最為強烈。這是艾蜜莉在印度咖哩雞那天所演繹出的心之所向。

我們許多人都會經歷與心之所向相悖的力量，要求我們隱藏自己或部分的自己。那是腦的作用。在只有腦運作的模式下，人們會在想要全盤托出以及除了實話什麼都說——並且害怕說實話——之間持續拉扯。這正是潔思敏開始經歷的過程。潔思敏是否真如她所宣稱的那樣，婚禮計劃進行得「一切順利」？或者她所出現的症狀是心試圖告訴她一些什麼？劇透一下：她可能二者皆是——心接受矛盾。潔思敏發現自己很愛她的未婚夫，同時她也想要推遲婚禮。

當心贏得這場拔河比賽，它會先讓你明白有個真實自我存在，這是你需要主張，並且是至關重要的。然後，心會提供你探尋和揭露真實自我的勇氣。

「在我心深處，我相信……」

我們經常使用「心」這個詞，最常見的是用來表示事實是如何。比方我們會說：

這件事的核心是
從心而論
讓我們掏心以對
我心裡很清楚
內心深處
我改變了心意
在我心裡

我們向心探尋——並使用相關詞彙——不僅是當我們談論所面臨情況的事實、底線、現實時，也當我們所要表述的是某些事情的關鍵，即本質的時刻。當我們坦誠相對或談論最重要的事物時，我們所用的語言會顯示出我們是發自內心的理解這一切，心是這一切所在。

心的力量——以及心的渴望

本章開始介紹我們如何專注於心。我們前面是從心的更直接、更實際的應用開始——心為我們提供了去執行的能力，並賦予我們去度過或突破困境的能力。意思是，心如何幫助我們度過艱難時期，與不確定感共存，處理痛苦的情緒。

這是心在我生命中的初登場，從艾蜜莉出生後所發生的一切開始。心在危機管理上的力量，是我真正迫切需要的第一件事。這些通常也是我的患者們對於心的第一次體驗。對我而言，這種向心的轉變是根本性的，改變了生活。但它也只是一個開始。

到目前為止，我們主要關注心的一〇一法則。或者該說是心的急救分類原則：最緊迫的事情優先。現在，我們將帶著更廣闊的視野，進入另一個新的領域。這些都是我在真正成為艾蜜莉的母親之後，所學到的關於心的各個面向，在我從凡事以腦為優先，轉變為讓心參與之後。一旦腦稍稍被推開，我就能看到更多的心，我所看到的是，心可以豐富人生的多種方式。

在艾蜜莉出生之後，心讓我有能力度過我需要度過的難關，比方前方的未知，以及困住我的那種感覺沒有任何過往經歷能改變現況的情緒。心以最基本的方式讓我強壯起來。

從那以後，隨著艾蜜莉成為我用心的榜樣，所謂的心已經包含了更多面向。心不再僅是為了危機管理——雖然那真的很有用——而是為了美好的人生。

本章以及後面的章節將更關注心之所向，心在召喚你什麼。心為我們提供了許多能力，但它也對我們提出了一些要求，心有自己的渴望，心將我們引向生活中最重要的事物，也將我們拉向它們……即使腦毫不關注這些事情。當心有所望，以心為優先的人將會去追求——並且獲得。

心之所向是普世皆然的：目標和意義、聯繫和歸屬、同理心和愛、自由、平靜、奇蹟、快樂。最重要的是（真的，在所有當中）：真實。你的真實自我。

說出你的想法

與信任的朋友談談，是釐清真實自我的一個很有用的方法（這也是向心探尋的一個方式）。這不適用在每個人身上，僅有極少數能夠做到。也並不總是很容易就能找到讓你能夠安心傾訴，而對方也能夠主動傾聽，不會打斷、評判或試圖提供建議的人，並且願意不顧一切和你一起蹚這渾水。不過，別讓不確定你要說什麼這部分阻礙了你。

我們大部分人都搞不清楚自己到底是怎麼想的，這也是為什麼說出來會有所幫助。如果我們試圖在我們自己的腦中搞清楚，很容易就會走神或離題。在你想要探索、理清到底你是怎麼樣的人，以及你想要什麼時，能有人陪在身邊傾聽，這是件受到祝福的事。

當你有幸如此，不要忘記在談論和闡述你的想法的同時，也仔細傾聽自己。透過時間和沉默的禮物，以及一位值得信賴的安靜的傾聽者，將幫助你說出內心的話並了解真實的自己。

你的真實自我

心很簡單。它將事物簡化為本質。就像心在處理情緒時一樣，無論面對什麼，心都會關注問題的關鍵。心專注於任何體驗的核心，略過所有離題或不重要的部分。在尋求自我認識的過程中，心採取同樣的方法，與腦形成鮮明對比。心感知到關於你的真實本質和構成元素。

腦由於消極性偏見，對改變的恐懼，強調保持現況，並以關注安全為優先，腦寧願忽視、掩蓋甚至全力詆毀真實，特別是當真相令人痛苦的時候。而假使腦判斷會帶來威脅，也會在情況還算好或正面的情況下發生。

在努力保護我們的過程中，腦可能會傾向於否認和自欺欺人，因此，心始終將真實置於優先地位。腦害怕抽絲剝繭、害怕回顧、恐懼深入。但這正是心渴望達到的目標！

無論腦藏著什麼，心都能掌握真相。關於你的真相。心會看到你的真實自我並牢牢記住，這樣當你失焦時，也總能回得來。心會幫助你了解自己，以及關於你的真相。你的心希望你知道你的真實自我，這樣你才能與它保持一致——如果你甚至無法識別它，就絕對不可能做到！心想要你就是你，成為你自己的真實自我，成為你自己，這些是活出真我的要素。

黃金法則

腦可以分辨對與錯，但心則明辨什麼對你是重要的。即使有時很惱人，卻至關重要，心發揮作用的方式是幫助你看到他人的人性。透過心，你會發現其他人和你一樣真實且重要，有其生命價值並受人關愛，他們也在努力地過生活。透過心，你可以得到「愛人如己」的黃金法則，它在許多世界宗教中以不同的形式出現。當用腦時，你可能知道要遵守交通規則，但並不總是考慮其中意涵。腦專注於自身的安全，不一定會把精力放在對他人的同理上，它有時甚至利用其強大的力量，掩蓋你與其他人的聯繫和責任。在這種模式下，互動是交易，不是基於相互尊重和關心，而是基於成本效益分析，只對你這一方有益的成本和收益。解決方案很簡單：好好地探尋你的心，這樣腦就無法主導一切。

如何分辨

在通往真實自我的路上，心和腦都有些特徵能夠告訴你正身處何處。

心的特徵

- 哭。哭泣是顯示你正處於心中的好跡象。通常也代表你觸及了某些真實。
- 笑。當你注意到關於自己的一些事會讓你笑時，你正在接近你的真我。當你驚訝地說，*天呀，我從來沒想過*，這就是了。

◆ 某些真的很麻煩的事，但你認為很重要。那是真的。

◆ 你感覺輕鬆了一些、比較平靜、更為安心。你肯定已處在心中，而且很可能已經觸及真實。

◆ 你自純然恐懼的事物中感受到愛或希望。那是心，以及真實。

腦的特徵

你仍在腦中，還沒碰觸真實，如果：

1. 你找藉口不去探索自己真實的想法。我現在沒辦法想那些，因為……這會讓我傷心，我會生氣，我太懶了，實在太忙了，我不擅長那個……我沒辦法處理。
2. 你貶低自己。我不夠聰明，沒有人喜歡我，我絕對不可能做到那件事，我的能力不足……我做不到。
3. 你關注別人的，而非你自己的動機。
4. 你感到被冒犯或忿忿不平。
5. 你在說謊。
6. 你知道真相是什麼，但你認為真相對你來說並不重要，也不會影響你的行為。

真相並不見得讓人舒服

有時人生就是爛透了。這個真相如何？

真相，一如人生，可能很混亂，整個是一團糟，有時真相會令人不舒服，可能很艱難。或者，以各種不同的方式，讓人為難。

由於心會尋求真相，處於心中並不總是那麼簡單或平和。

即使是向來能夠從心而為的艾蜜莉，也不總是那麼平靜和安適。

潔思敏之所以出現在我的診間，就是因為心的彰顯破壞了她的生活——讓她此刻感覺很不舒服。

這種窘迫感是處於心中的代價。

但那是值得的。

面對你的真相，即使這個事實是艱難或可怕的，也會比持續謊言要不那麼令人疲憊和耗損心神，最終也會讓你感覺更加自由。

真實可能以各種艱難的方式出現。幸運的是，心已準備好與之抗衡。真相可能是痛苦的，讓你意識到對於未能滿足的心的渴望。真相可能會帶來尷尬或羞愧的一面，或感覺自己正在受到審判。你可能會發現你存在相互競爭的真相，真相可能真的非常可怕。有時候，我們不相信自己的真實……有時則是其他人不相信。多數時候，真相是我們確實正面臨著深刻的損失。有時令人為難的是，我們無法做任何事，好讓真相不那麼真實或痛苦。這就是潔思敏在面對她的真相時所發現的，她深深地愛著她的未婚夫，拚命地想要不傷害他，但是知道自己需要更多的時間。

當面對這樣的真實，正是腦可能會出現的時刻，試著讓我們分心、分散我們的注意力，盡一切努力讓我們遠離不管來自外在或內在的危險或痛苦。但在這些情況下，我們最需要的是心。

心尋求真相，關於真實的你，並不必然是你即刻的喜悅。從長遠來看，我沒有遇過能夠在不知道真實自我，還能夠過得非常幸福或滿足的人。而當你面對過往都隱藏起來的真相的那一刻，會感受如醍醐灌頂般的迎頭一擊。就像潔思敏那樣。

心尋求真相，無論多麼不舒服。那種不舒服的感覺可能很微小，比方承認你剛買的昂貴手提包是個錯誤，但也可能很重大，就像承認你投入了十五年的職業生涯是不適合你的。無論多麼尷尬或令人困惑或痛苦，無論真相多麼艱難，心都會追求真實。不管它是否在我們當前的待辦清單中，或是否符合我們通常的行為模式，或是否與其他人的想法、信仰或行為一致。即使它在你的內在或與他人之間造成緊張或衝突。在你的真實內在、你真正想要的、你真心所想和真心感受背後，心為你呈現那個誠實、有些混亂、有著缺陷的版本。

這讓我想到另一個了解真相並不容易的原因：心將在過程中遭遇抵抗。心渴望真相，即使這會邁向全然的改變——而我們知道腦有多不喜歡變化！無論腦做什麼，心都會追求真相。當然，腦要做的是盡力保護你，並幾乎總是採取不改變現況的方式。對於我們這些尚未完全如艾蜜莉一樣清楚並自在地理解我們是誰，以及自己想要什麼的人來說，觸及真相幾乎總是意味著要有一些改變。可以保證的是，腦會開始警惕。

讓我們記住，無論心想要什麼，它也將同時提供力量和勇氣，心不會丟下你。當處在心中時，面對真相可能具有挑戰性，但它不具有生存威脅或令人恐懼。當你用心思考時，你不必一直保護自己免受任何變化——腦可以退場——因為心知道你可以處理任何即將出現的情境。

還有一件事：毫無疑問地，了解真相可能會擾亂平靜，但是面對真相，了解並處於其間，也是平靜的先決條件。潔思敏現在正經歷騷動，因為她開始弄清楚她的真相——她是否渴望與約翰建立持久而忠誠的關係？當她發現她對婚禮舉棋不定，並不是因為對約翰的心有了改變，她平靜下來了。對心來說，這樣很好！

但光是考慮這樣的事情，腦就會稱你為偽君子，或者堅持你應該做出選擇（嫁給他或分手）。就像對潔思敏那樣，它會跟你爭辯，你只能有一定的明確選項，不可能全盤擁有。

心知道你的真相很重要，也可能涉及不止一個想法。當腦只看到一兩個選擇（或通常沒有選擇）的時候，心會看到很多。心會很高興地回答它不在「二者」擇一。透過心，你可以跳出這些選擇之外——或者根據你自己的真相創造你自己的選擇。潔思敏有不只一個渴望的事物，在此刻對她來說都同等真實。潔思敏就是潔思敏，當她理解到自己的真相時，將能夠更依此而活。

雖然不舒服，但這是必須經歷的過程。真相可能不會馬上帶來平靜，也許不會在每個時刻出現，但最終會。只要你與你的心的真相不一致，你就不會完全放鬆。找到真相——好、壞或醜陋——是尋求個人平靜的唯一途徑。

什麼是真相（Truth）？

什麼是真相？抱歉，我不打算在這裡進入偉大的哲學問題。在談論心時，我會以幾種不同的方式使用真相這個詞，所以我應該要給你我對於真相的廣泛定義。

心確實渴望了解世界上真實存在的事物。比方事實、現實之類。但心更感興趣的，是對你來說什麼是真實的，什麼會產生共鳴，對你最重要的是什麼。這是你自己的道德指南——這樣的真理本身可以指出你想要去的方向。

在此我得做個我從未想過必須要做的免責聲明，但是，在我們所身處的文化和政治敏感時刻，這麼做似乎是明智的。請記住：我們無法根據我們的意見或想法或任何深刻的信念，來挑選或形塑具體的真實情境。沒有人能夠這樣創造出自己的真理；不管他們多想要或者他們是多麼執著地要別人買單。

當我們談論你的真相，以及對你來說什麼是真實的時候，我們會是在保持本質的、真誠的、如一的、堅定的、正當的、誠實的、誠懇或一致的意義上使用。比方真正的朋友、真正的方向、真正的愛、真實的生活。我希望這一切都立基於真實！

如此多的數據，如此少的智慧

我們生活在一個擁有如此多的數據，但缺少判別智慧的時代。你的腦是資訊的完美保留者和處理者，但智慧是心的能力。心的智慧是以經驗為基礎的，而不是基於資訊的，你必須要靜下來才能聽到它——因此，要在那些讓腦不斷運作的混亂而倉促的資訊中辨別出心，並不總是那麼容易。當你能略過那些嘈雜，你可以回到心的頻率，並且聽出它的主調：你可以相信自己，你可以變得強大，你可以大聲唱出你內心的曲調。

渴望真相是普遍的——內涵則因人而異

就像心中的每一個渴望一樣，心對真相的渴望是普遍的。然而，真相的具體內容會因人而異。有很多人不知道自己的真相，因為他們不假思索地用別人的目標來對焦。他們規劃要生二或三個孩子，因為大家都這麼計劃。他們選擇從事高報酬的職業，因為那些是「聰明」的人應該擁有的工作。

潔思敏遵循著約會一段時間之後該步入婚姻的傳統時間表，認為結婚是合乎邏輯的下一個步驟。但是如果她真的想在自己人生的這個重要領域，和「大家」不同呢？

當她告訴我這些時，潔思敏已經開始感受另一個真實正在驅動她。她總覺得自己想要結婚，所以當她開始感受到不完全是來自平常的情緒時，她幾乎無法認出它們。或者更明確地說，她幾乎無法相信。處在相同的情況，其他人可能會有完全不同的感受，但由於潔思敏是潔思敏，這是她獨一無二的真相。

一個人的真相可能是他們真的想要生孩子，而另一個人可能是他們真的沒有這麼想。一個人可能會發現他們想要專注於自己的職業生涯，另一個人則希望與孩子待在一起。另一個人可能想要兩個都達標！（咳咳，比方我。）

對於每個發現自己特定真相的患者，我肯定都會有另一個患者會得出截然不同的結論。我想展開自己的事業／我想通過這次升遷。沒有什麼比把時間留給我自己更重要／沒有什麼比花時間與別人相處更重要。你到底是誰，你真正想要的是什麼，都會是量身訂製，而非舉世皆然。

你想做什麼？

當我的患者談論是否該做某事或該如何做時，我總是回問一樣的問題。你想做什麼？如果把應該做什麼、害怕做什麼、被要求做什麼、被教導要做什麼、別人想要你做什麼、你想要看起來像什麼等等這些因素都去掉，你想做什麼？

實際上，我使用的確切語句是：

在你內心深處，你想做什麼？

使用這句話的效果會明顯不同於直接問「你想做什麼？」它引發了一種向內探求的轉變，專注於尋找真相，並了解其實你已經掌握了真相。在你內心深處，你想做什麼？這提供了一個清晰的聚焦鏡頭，透過它找到你的答案。什麼最適合你？什麼會最符合你的需求和價值觀？答案在心裡，而不是腦。所以，心是你必須探詢之處。心就是你。

所以問問自己。我想要什麼？在我內心深處？

你現在是誰？

很多人對於你是誰會弄錯一個關鍵：實際上，你的真實自我從來不是固定或永久不變的。現在的你的真實想法可能與你人生早些時期相同，也可能不同；未來可能會、也可能不會保持不變。我的經驗顯示，隨著時間推移，你的真實想法肯定會有所不同。你的任務不是弄清楚關於你是誰的真相；而是要弄清楚你現在是誰。這正是潔思敏試圖平衡的界線。她努力為自己塑造一個面對外界的形象。心則促使她思考，這真的是現在的妳嗎？過去可能是序幕，對我來說，過去就表示對於現在將上演的戲碼來說已經過去了。它無法主導整個劇本。

有個患者的年邁母親不久前去世——安德烈的父母從未讓他知道她被診斷出癌症。他的兄弟姐妹們都知情，但他是直到母親去世才第一次聽說她的病。

在強烈的失落感之外，安德烈一直為了他被認為不夠成熟，或者沒有能力接受母親健康狀況不佳的消息的這個問題而困擾。

正如他和我所討論的那樣，安德烈不得不自問，真相是什麼？安德烈過去被診斷出創傷症候群和藥物濫用，並且曾經在面對嚴重的家庭壓力時復發。這是否就是安德烈？依然如此？直到現在？即使經過多年努力，成功地保持清醒？

還是安德烈其實確實已有能力，並且夠堅強？但現在的安德烈無法輕易或快速地宣稱自己是具有力量的。腦認為過去曾發生過的事情將繼續發生。這就是安德烈的家人所持的觀點，對安德烈來說也是一個很誘人的想法。那不是他可以否認的過去，而且對他來說，坦然面對過去所發生的一切相當重要。當安德烈充分與心連結時，它的真實自我會減緩腦所謂的「人不會改變」的防禦姿態。透過心，安德烈能夠安然展現真實自我和力量，無論他的家人如何對待他，或他們對他的觀點如何。

腦的框架來自於你的過去以及你被教導該相信的東西。你必須將腦放在一邊，回到心中，以及心所創造的重新認識自己的可能性。心允許你以當下看待自己，而非用過去評斷。以心為優先，你可以按照你想要的方式向前邁進，而不是像過去、或者像你被教導或被要求必須做的那樣。如果你能放下關於你過去是誰的老調重彈，你可以用全新的眼光和開放的心看待自己。

事實是，真相可以改變。你可以改變，這是可以的，這是不可避免的。腦恐懼改變。腦會寧願卡在婚姻或工作或習慣中持續悲慘，而不是採取行動進行改變，任何一種改變。心知道你有選擇，其中一個選擇就是做你自己。接近你的真實自我。可能是離開婚姻，辭掉工作，或打破習慣，也可能是找到一種方法來堅持到底，但是讓它變得充實而有意義。心不是要承諾特定的結果，而是要幫助你達到與你的真實自我所想要的一致的結果，同時也會讓你意識到改變需要努力，且通常會相當艱難。心知道無法繞道而行。

心的基本問題

有些問題是心會提出，而腦不會問的，所以你可以用這些問題來了解真相，並觸及你的心。心會問的基本問題是：

這是事實嗎？
這對我來說是事實嗎？
現在也依然是事實嗎？

不要非我不可

我最近有了一個新的口頭禪：不要非我不可。

在我生命的大部分時間裡，就像每個人一樣，很多事情都是圍繞著我自己。我是誰？我怎麼會是我？這是我嗎？這樣如何？這就是我！這大概也會是你的人生歷程。心支持這麼做。做你自己！多考慮自己！越多越好！全力以赴！腦也是：永遠不要改變！

但在某個面向上，心以另一種方式引領著我。問題是，我是哪個我？有些部分不是真正的我，而是出於過往習慣，或者我正在扮演的角色，因為我「應該」，或者認為這是被要求的，但經過進一步的反思，這實際上是可以選擇的。

我兒子準備自一次長途旅行中返家，儘管事實上他才花了幾個星期，隻身前往每個他需要去的地方，我還是打算在機場迎接他：這才是好媽媽。我從不間斷的抱負！我個人的價值指標！

他抵達那天，下著可怕的雷雨，多個航班延誤，我哀嘆著得在這團混亂中出門。想想外頭的交通，我可能直到非得出門的那一刻，都不會知道他的班機是否會準時，我討厭在雨中駕駛，而且……他可以叫Uber。

這個偉大的啟示突然點醒了我，但並非沒有混雜了複雜的情感。（畢竟是為人父母，嘿。這真的很複雜。）我不得不停下來探尋我的心，好驅趕腦中種種信息，並了解我真實的想法。我是個好媽媽，就算我待在家裡，趕上我最喜歡的電視節目，讓我那很能幹的兒子自己從機場回家，我仍然會是個好媽媽。儘管我之前說過我會去接他。儘管以前我總是會去接他。

所以我決定不要覺得非我不可。

（但我還是我：我還是為Uber買單了。）

自我與自我概念

走向真理之路的一個真正常見的錯誤就是將自我與自我概念混為一談。真相是關於自我的。但很多人更關注自我概念，而且我們在自我概念中投入越多，我們就越遠離真正的自我。

自我概念或自我形象是我們為自己建立並傳遞給外在世界的。這是關於我們的社會地位、健康、財富、心理狀態、職業、人際關係狀態的組合。自我概念是我們如何看待自己，例如，贏得兩座艾美獎的勤奮而成功的製作人。這是我們自己會陳述的關於自己的故事。自我概念是有條件的，基於成就、環境、成果和他人的認同，因此可能會變化。它與真正的自我無關。

假使自我概念是立基於發生的事情——也因而會經歷雲霄飛車般的轉變——自我則立基於從未發生過的事情。就只是你自己。這是一個常數。在你被教導有自我概念之前，自我就是你一直以來的樣子。自我是絕對的，與能力、局限、努力或成果無關。

當你對自己的認知主要來自於自我概念時，你會忽視你真正不變的自我。

實際上，自我概念是腦的產物。既然由腦所形塑，難怪會以腦追求的安全標準來訂製。對於我的大多數患者——以及對我來說——自我概念會圍繞著是否聰明以及是否被視為是聰明的來建立。多聰明啊！智力是很好的屬性，對你來說很重要，但它不太可能是你的真相。如果說聰明就是你的全部，一切都建立在這個基礎上，你的自我概念不僅有所限制，而且很容易因為缺乏超級智能而大受影響。比方，犯了一個錯誤（我無法呼吸！）。或者碰到不知道的事情（太恐怖了！）。這正是為何有些學生收到A-時會慌了手腳，很多成年人也有類似的情況。你是否曾經拒絕尋求幫助？拒絕承認錯誤？為了一個簡單的錯誤躲著其他人？

自我概念的另一個共同要素與社會地位有關，社會地位是一種如何高人一等的遊戲。比方，我有比你更多的學位，我住在一個比你更好的社區，我在家長會裡的位階比你更高，我的手錶比你的手錶更貴。許多研究證明，我們可以在某種程度上將這歸咎於生物演進的物競天擇。那些安然於社交網絡中的人，將更有可能持續生存和繁殖。我們的演化歷程非常重視我們在社會群體中所處的地位。但這並不構成我們的真實。

腦將自我概念設計為一種可以部署的裝甲，保護我們免受傷害。就像中世紀騎士巨大而沉重的金屬盔甲一樣，提供的或許不是微不足道的保護，但同時帶來了沉重的負擔，削弱你的力量，降低了機動性，也有損靈活和視野。

在自我概念的盔甲覆蓋之下，將阻卻我們接近真實自我。甚至阻礙了我們看到真實自我的能力。

為什麼我們害怕「談談你自己」

一位被撰寫大學申請論文嚇壞的年輕人來找我。尚恩的首選學校給的提示非常簡單：「和我們談談你自己」，這讓他旋即陷落巨大深淵。他堅持自己肯定填不滿那五百字，他甚至連五個字都想不出來。當他解釋他完全說不出來自己到底是誰時，他都快哭了。他告訴我，「我很擅長寫作，但我沒有什麼可說的。」

我眼前是那位我已認識多年，令人喜愛、善良、熱情、值得信賴的年輕人，但這並不是尚恩準備在申請論文中提出的自我描述。他以自我概念臚列清單。我擅長數學，我主導過模擬實驗⋯⋯。他解釋說，他不想只呈現具體的經歷，於是他加上了：我關心我國收入不均的問題。我想我是個很好的朋友⋯⋯。尚恩還有些其他的擔憂。老實說，我有好幾次嫉妒我的朋友、模擬實驗也失敗了、無法完成我的應用計數作業。我很確定他也還沒有解決我國收入不均的問題，都十七歲了，他還在等什麼呢？

我想如果我給我的大多數患者和尚恩同樣的寫作任務，應該也不會做得更好。我就不確定我可以──我十七歲時絕對做不到！二十七歲時有可能。或者再更老一點⋯⋯

我們都很擅長列出關於我們自己的具體事項：我是這樣，我是那樣，這是我擅長／不能做的。但無論我們如何嘗試連接這些描述，它們都無法描繪出我們自己的真實樣貌。因為它們是外在的、變動的、隨風搖曳的，基本上並不等同於我們。它們可能是、也可能不是對我們真正重要的事。有可能只是因為我們遵循他人的成規，認為如果我們想要「成功」就應該或必須要做到什麼。（心知道──這是我們練習進入心中的另一個好理由。）

與艾蜜莉一起生活，每天都提醒著我一切都另有解方。如果你要艾蜜莉談談她自己，你肯定會得到這個答案：「我是艾蜜莉。」起初，我認為這是她智能發展低落的另一個標誌，只能做出最簡單的反應，後來我明白並非如此。由於依心而活，沒有什麼能掩蓋她對自己到底是誰的真實看法。艾蜜莉沒有以自我概念來定義自己，至少沒有用與自我不一致的自我概念。她並不認為自己做的事（或她的殘疾）是她的特性。對她而言，她永遠都是艾蜜莉，無論她成功或失敗、無論她做什麼或不做什麼、無論別人怎麼想。她就是艾蜜莉。「我是艾蜜莉。」簡單卻真實。

我和尚恩一起努力讓他觸及自己的心，至少讓他得以找到入學申請的論文主題。我們談到了心和腦對於大學申請論文的這項提示所可能有的不同反應。我們談到了自我和自我概念之間的區別。我們討論了如何將尚恩的注意力引導到自己的內心，與呈現在外的自己相比較。

尚恩的心理障礙（我沒有什麼可說的），是由於他混淆了他自己想要如何被理解（自我概念），以及他想要對自己揭露的真實（自我）。當他開始區分這兩個問題——這二者對於這個特定的寫作任務都很有用——他能夠在二者間切換，並選擇他最想傳達的描述。他自己發明了這個練習：向自己提出論文提示。心會問什麼？腦會說什麼？

以下是他對心的提問：

我喜歡做什麼？

如果我不想在經歷上吹牛，我該怎麼辦？

我對朋友的期待是什麼？

我最痛苦的經歷是什麼？

我最欽佩誰，為什麼？

我對成功的定義是什麼，與我身處的文化相同或不同？

是什麼讓我開心……傷心……生氣……害怕？

對腦的提問則是：

我想要如何被看待？

我想要如何被理解？

我害怕別人怎麼看我？

我認為該如何讓大學接受我？

我並不想著重於逐一解決腦的提問，但我認為分別提出這些問題相當重要。我確實希望尚恩能以此來了解差異，從而選擇他在何時所展示的描述為何，以及為什麼。

標籤

很多人都被標籤絆住，所以請讓我清楚說明：你的標籤不是你的真相。腦急切地想要貼上各類標籤——這是它對於分類、分組和條理井然的傾向——並且很容易以標籤做為身分認同。我是一個數學家——我是一個不墨守成規的人——我是一個頂尖球員——我是一個失敗者。我很絕望——我擅長主導——我是個堅持信念的人。即使它們是負面的，我們也非常仰賴我們的標籤。

我的專業訓練告訴我，這一切都是錯的。精神病學根據人們的問題去定義人。你是抑鬱、或焦慮、或神經質……。這在對症下藥治療上有其實際意義，但是當你與一個健全的、實際的、特定的人打交道時，就沒有用。儘管如此，許多患者往往將病徵視為對自己的診斷，這其實是一種權利剝奪和受害者心態。也絕對無法幫助他們理解真實的自我。當你以心為優先時，這不會是你看待自己的方式。透過心，你會明白，我現在很沮喪，但你並不會就因此將自己認定為憂鬱症。

艾蜜莉在此提供了另一個光榮榜樣。她是一個可能會被貼上很多標籤的人，但她沒有以其中任何一項來定義自己。她沒有以她的殘疾自處。在她的案例中，我認為這意味著殘疾雖然非常真實，但很少對她的生活產生負面影響。這是她從心而活的其中一個主要方式。

無論你聲稱的標籤是一般性的還是受診斷的，這麼做都會產生依賴。這些標籤成為自我限制的身分和信念。是我們將它們貼到自己身上，但我們卻將它們視為天生的、客觀的、不可改變的事實。放下這些標籤，尤其是醫療系統中對於不適、病症和不健全的關注，會帶來極大自由。

你正在尋找的五件大事

我的一位長期患者和兒子進行了一次大學訪問，她說這讓她兒子有點困惑。莎曼珊描述，招生主任分配給每組父母和孩子一個練習，每個人都要獨立完成：列出你在選擇一所大學時會考量的五件最重要的事情，並將對你來說最重要的那一件事列在第一項。

莎曼珊和她兒子振筆疾書。當莎曼珊完成後，她偷偷瞄了眼她兒子的清單。

1. 可以找到我自己的歸屬（而不是被廣泛稱為很酷的一群孩子），能有好朋友、約會和享受樂趣。

2.有趣且超棒的歷史和數學課。
3.放鬆的環境。
4.可承擔的課業量（不會當全天候的書呆子）。
5.畢業時能找到好工作。

和她的清單不太一樣，但她們本來就是不同的個體啊，不是嗎？莎曼珊覺得她兒子列的清單看起來挺不賴。

接著，招生主任開始介紹這所頂級的文理學院，說明他們會關注高中成績單上的表現，以及有選擇大量讀寫並具挑戰性的課程的申請者，莎曼珊發現她兒子開始修改清單。當招生主任談到會有些負擔較重的課程時，他寫上有適當數量的具挑戰性的課程。然後，當其他人自願提出他們清單上的首要項目，同時主題轉移到學校會想要甚麼樣的學生時，他補上了幾項，也重新修改了部分文字。「放鬆」消失了。「樂趣」那一項也不見了。

莎曼珊不知道該做何反應，又或者是否該和她兒子談一談。她看到她兒子瘋狂地刪除了他原來內心所想的清單，置換上完全不同的、經檢視的版本，好符合學校所想要的。她想到他為了符合學校的框架而對自己最重要的事物妥協，這讓她感到很難過。

同時還有一個想法：她兒子設法精準地呈現學校想要的模樣，這樣錯了嗎？希望可以申請到最好的學校？做任何他必須做的事情好獲得入學許可？

我的看法是，在莎曼珊幫助兒子弄清楚自己真正想要的東西之前，她得先幫幫自己。

在這種情況下，她需要先檢視自己是怎麼了。在她心中，她想要什麼？她想要的是完滿她自己的需求，還是她兒子——一個獨立而健全發展的個體——真正想要的事物？真相在心中，等待明辨區別。莎曼珊該做的，不僅只是創造空間，敞開心胸地傾聽她兒子的想法，同時還要明白處在多重競爭的情況下，要能聆聽心聲是多麼困難。當權威人物或整個文化都在告訴你什麼才是你應該想要的。

莎曼珊想清楚了，她想要的是對她兒子最好的，但實際上她並不知道什麼才是最好的。她決定最好的方式是為他創造空間，並告訴他，她相信他的做法，向他提出可以幫助他向心探求的問題，然後退開，讓他自己找出最好的路。當她這樣做後，她兒子重回到了他原先內心的前五名清單，並決定這間學校可能不適合他。莎曼珊原先抗拒的結果，最終證明了那是她覺得是對的結果：這是她兒子的決定，而不是她的決定。

波洛尼烏斯的話

最重要的是：你必須忠於自己。——莎士比亞，哈姆雷特

在《哈姆雷特》裡，波洛尼烏斯可能是個傻瓜，是個惡棍，也或許只是個愛誇口的老爸。絕對是那種言行不一的傢伙。儘管如此，莎士比亞給這角色寫的台詞，經歷了幾個世紀仍不斷獲得迴響。

聽起來很簡單，但說實話，確實是個很有深意的建議……也是長久以來，我們

總是會需要的建議。說起來容易做起來難。會掙扎是真的！但要忠於自己，就得經歷。

誠實

海倫和我討論過很多問題，這一天，她的問題是她對她的配偶說了謊。她覺得說謊很糟糕——真的很糟糕——她感覺被困在自己的謊言中。現在要她說出真相，簡直無法想像，更不用說有多可怕。整個情況讓她夜不成眠。

最後，海倫決定坦白一切。因為她「內心清楚」，假使她不這麼做，絕對無法安心。只要那個謊言還在，她會持續焦慮不安。對海倫來說，這是關鍵的事實。她無法忍受活在謊言中。海倫真正想要的是與自己和平共處。她真正想要的是說實話。（在《哈姆雷特》的那個場景中，波洛尼烏斯那句話的全文是：「遵守這條規則，就像黑夜跟隨白天。／忠於自己，才不會欺騙他人。」）

心向海倫展示了通往令她為難的真相的路徑。並且向她顯示她可以忠於自己的真實。這是一種更為基本的心的真相：心知道她可以度過關卡。說出真相並不容易，甚至可能是痛苦的，也肯定會帶來傷害，但無論發生什麼，海倫「心裡很清楚」她終究能夠面對。

這個故事不是要來說服你說謊是錯的，或者強調誠實為上，儘管我相信是這樣。心不會撒謊。艾蜜莉不會騙人。人與人之間的誠實會加深彼此的連結。心是個厲害的屁話偵測器——它能幫你過濾所有假象，找到真實。

在如何達致美好生活——一個真實而有意義的人生上，心真正發揮的作用是做為你通往真實自我的路徑。特別是關於你到底是誰以及你真正想要的是什麼。

心知道你的真實的價值。

面對真相

我的一位患者蕾娜最近對我說：「我心裡明白我女兒有成癮的問題。但我沒辦法面對它。」

這是人們會發現自己經常身處的情況。眼前有個重要的真相，也早有所察覺，但卻不為人所知。尚未被完全承認或納入你的人生和個人經驗中。

蕾娜已經明白如何向心探求以尋得真相——過程並不容易，但這也已經是之前的事了。現在，她需要再次回到內心，找到能夠充分面對此一難題的力量和勇氣。除此之外，沒有其他方法可以幫助她面對現實、整理她與孩子的關係，並釐清她需要採取什麼行動。怎麼回應才是對的？不僅是為了她的女兒，也為了她自己。

這是心的專長，面對困難的事實，它會自發現和接納、期待和勇氣的不同端點切入。我們需要用心去面對我們內在的、與我們有關的、以及處於我們自身之外的外在世界的真相。你可能需要面對自己的真相，無論是隨情境改變的、還是你的核心部分；比方你可能在某個特定情況下，會是個壞朋友。又或者你無法放下一個你很想要的工作。

我們所必須面對的真相可能發生在我們身上或周圍，例如孩子的心理健康，或者——在我看過的這麼多案例裡，這是比前者要更常見的——有關伴侶的問題。

這很像在討論如何接納痛苦的情緒。承認真相是第一步，但我們也必須承認，事實就是事實，實際上正在發生。它就是這樣。你得深刻地明白這是真的，這會讓你得以安穩地凝視它，站在它面前，這就是心所提供的勇氣。心會幫助你承認真相，這是心讓你得以繼續生活的方式。無論真相中包含什麼問題，這也是你能夠繼續向前、度過一切的唯一方法。心會超越否認、尋找藉口和合理化、受害者的思維和放棄的想法——所有腦可能會提出的障礙——並且好好處理。以你感覺良好和正確的方式。最終會符合你的最佳利益的方式。

我的另一位患者瑪麗亞最近經歷了一次激烈的分手，那一天她真的很不高興，因為她的前任丈夫突然無法帶他們的雙胞胎去童軍營地。由於另一個走不開的家庭事務，瑪麗亞也沒辦法帶他們，但孩子們沒有父母帶就不能去。儘管她冷靜地處理了令人不快的離婚程序，儘管她向來保持友善，瑪麗亞對此感到沮喪。這是可以理解的。讓她更懊惱的是，她將這一切傳達給她的孩子們。其中一個對她吼叫，幫另一方辯護，而另一個則漠不關心。兩個孩子的反應讓瑪麗亞更加不安。

這是向心探求真實的日常版本。心不僅只出現在重大的、改變生活的情況。瑪麗亞尋求心的力量。她提醒自己：「我的感覺是有道理的。」透過這種驗證，她能夠獲得心，辨識出她所感受的傷害和背叛，並注意到腦在做的事：將她的脆弱變成憤怒和責怪。瑪麗亞可以選擇她想要遵循的路徑，並自心的觀點出發：好吧，事情就是這樣。擺在眼前的事實就是，她的孩子們將錯過他們談論了整個星期的旅行。他們可能會覺得媽媽讓他們失望了。她會覺得她不能指望她的前夫。但同樣地：這一切都將過去。

心讓瑪麗亞的注意力回到她的雙胞胎，開誠布公地與他們談談對於現在的情況有何感覺，並且向他們保證她知道他們會沒事的。雖然她還沒有準備好這麼對她的前夫說，但瑪麗亞也認識到了另一個真實：她也很沮喪。瑪麗亞向心探尋，重新接觸了她的真相——我會盡力接受我自己，並盡我所能地當個好媽媽。她可以成為她想成為的父母，同時理解這麼做不代表需要給他們想要的一切。即使她經歷這樣的事情，她也能好好地保持自己的情感。依心而行，瑪麗亞平靜下來。

它對你來說是什麼？

面對真相的能力就是承認它對你的影響。你可能不是唯一受影響的人，但你是需要去處理的人。你不需要在此刻知道這個真相將如何影響你（你也不會知道）。你只需要去考慮它對你和你的生活意味著什麼。你不是只要考慮發生的事情——事實、整個故事——而是要關注你身上發生了什麼。

就像處理痛苦的情緒一樣，你必須安頓其中，感受它，體驗它。

真相就在那裡

我們需要心，不僅是為了了解關於我們自己和我們所面對的生活的真實面，也是為了應對外在廣闊的世界。社會文化越來越多假新聞、虛擬真相和後真相的存在，我們比以往任何時候都更需要依靠心，來理解關於我們自己和所處世界的真相。

我們通常以腦來處理當天的訊息，或者該說是分秒間的各式訊息。腦在後真相時代（post-truth era）中有時是很重要的。我們需要腦對於數據、科學和客觀真理的執著，以便能夠與其他人共享一系列共同的、可觀察的客觀事實。心也一樣，共享的事實會幫助連結。因此，我們現在比以往任何時候都更有責任利用我們的腦來接近事實。我們現在比以往任何時候，都更有責任用心來維持我們與這些事實和彼此之間的聯繫。

心會驅使我們清醒地明辨事實。哪些事情需要我們關注？我們在對什麼做出回應，以及如何回應？我們想採取什麼行動？我們想在生活中讓這件事占多少分量？

無論我們身邊圍繞著什麼，心仍然、並且總是渴望專注於我們內心的事物：我們的真實自我。這是你在這世界最成功生活的方式：了解你到底是誰以及你真正想要的是什麼。說出你的真相。

選擇印度咖哩雞吧。

第六章

人生的目的與意義：活出你的「夢想」

專攻內科的蘿拉是一名優秀的住院醫師，正掙扎著該接受哪份工作。她已經將選擇範圍縮小到了兩個選項，但是舉棋不定。一份工作是在市中心一所享有盛名的教學醫院，薪資優渥，工作內容包含了研究和出版，她可以在自己的專攻領域中累積出很好的名聲。另一份工作來自位於她曾經稱之為「飛越之鄉」的鄉村醫院，在那裡她將為主要由農民組成的社區提供第一線的醫療服務，她覺得這應該很有意義。

我眼前的這位女士每天都在做出高風險的醫療決定，此刻卻不知該如何是好。蘿拉陷入困境，面對將對她的未來形成重大影響的選擇，她束手無策。就算列了優缺點清單也幫不上忙，而蘿拉可是很擅長利弊分析的女王！這個選擇感覺太重大、太重要了，她來來回回的考慮著所有因素，她真的真的很想要做正確的事。

我的許多患者也經常如此，無論他們是在考慮結束一段戀情，想停止過度執著於某件事，想意識到自己已經為工作精疲力盡，又或者是想知道為什麼自己看似擁有許多，卻仍無法感到滿足或覺得受到祝福。努力地想思考出什麼才是最重要的，以及如何在已然忙碌的人生當中達成，這件事讓很多人夜不成眠。同個想法不斷在他們腦中循環，通常還伴隨著許多恐懼和懷疑，沒有任何得以消解。同時，想要的反而更多，不知何故地更加急切卻又無以名之。

你的夢想

蘿拉和我曾遇過的許多患者一樣，感受到內心的強烈渴望——一個有目標和意義的人生。這種心的渴望有許多相重疊的內涵：想要為他人貢獻，以對個人有意義的方式達致成功；一個你會願意為其犧牲自我的遠大願景；知道自己很重要；擁有一個非此不可的人生目標──以及朝向這個目標努力所需要的力量和能力。

這是你的夢想。（或者，很多夢想。你可以擁有不只一個的夢想。）

從某個角度來說，夢想只是簡稱，如此我可以不用一直重述「你的心對於有目標和意義的人生的渴望」。講起來也比「你對於某件事物最關注的那個重點，並且願意為其赴湯蹈火」、以及「帶給你人生重要的方向，讓你體驗愛與幸福並願意付出無止盡的努力」要簡潔得多。

夢想讓你專注於實踐。要達成有目標和意義的人生，就需要積極參與。你的夢想正代表著將達成的目標和意義。你不只要擁有夢想，還要去實踐它。

一個人的夢想是如此重要，我們一生都圍繞此組成。有目標和意義的生活是實現完滿生活的真正途徑，儘管身邊會有許多讓我們分心或導向他途的事物。當我們沒有朝向目標或往對我們最具意義的事物前行時，我們會感到難以忽略的空虛。也許並不總是能夠清楚地意識到，但內心深處會有著失落感。

幸福

心理學家引用哲學家觀點，區辨所謂享樂式幸福（hedonic well-being）及意義式幸福（eumaidonic well-being）。享樂式幸福是指我們所經歷的短暫狀態的快樂，通常來自追求快樂或避免痛苦。這確實也是個正面且積極的狀態，但基本上取決於外部環境，而且通常無法持續。意義式幸福則是一種源自理解內在意義的幸福狀態。

正如心理學家的研究成果——我們對於這個主題有相當多的研究——意義式幸福來自於對於人生最深層的價值有明確認識，並在每一天的生活中依循而為。與追求趨樂避苦、迴避問題的享樂式幸福不同，意義式幸福經常涉及挑戰、努力和個人成長，而這並不總是輕鬆的過程。在研究中，追求自己所高度重視的目標的人也總是呈現出較高的幸福感。

意義式幸福不僅對心理有好處，降低壓力，提高個人效能，同時有著明顯的生理益處：讓你更健康。我無法說明生理改變的細節，但是當人們感到自己過著有意義的生活時，甚至連免疫系統的功能也會發生變化。擁有意義式幸福的人較不易罹患一些重大疾病如中風、老人痴呆和心臟病。他們也睡得更好。

然而研究顯示，只有大約四分之一的美國人說他們有明確的目標感，並且清楚地了解如何會使自己的生活有意義。其他報告指出，有許多表示自己有明確人生指導原則的人，選擇了不會帶來意義式幸福的目標。例如，在富國銀行（Wells Fargo）進行的一項大規模調查中，大多數千禧世代表示，他們的主要目標是金錢和名望。他們為了幸福和目標所付出的一切努力，與之相對應的是將財富或名聲做為個人成就感的來源。

幸運的是，你有選擇權。要追求哪種幸福，取決於你。而所有人都擁有引領我們朝向目標的心。

在生活中找出夢想

蘿拉對於工作的選擇確實很重要。但只要她大部分仍以腦為優先地思考，就很難分辨出她對於目標和意義的渴望到底是什麼。在現實生活中，什麼對她有意義並且能實現她的目標？她的夢想是什麼？

多年來，蘿拉單純地覺得醫學是她的夢想。她之所以選擇這條路，是因為這似乎是一項重要的工作，她覺得自己能為此做出貢獻。而現在，如果她要能選擇出未來最佳的冒險途徑，她必須更加具體地深入檢視。對她來說，從事醫學當中的什麼是最重要的？是哪個部分真正打動了她？是什麼讓她堅持下去？

這些答案都能為蘿拉所用，但她必須再更精準調校，越過所有腦的干擾，好清楚地聽見心的訊息。

每個人都有找出自己的夢想的不同歷程，那條路始終都會經過心，而你會在這裡學習到一些可以幫助你觸及心的方式。一旦你感覺到你的夢想，你會在當下就能確認。那件事會讓你在執行過程中感覺活力充沛，充滿樂趣，忘卻時間。即使遇到困難，你還是會執意從事。就算沒有理由這樣做。即便你沒有從中得到他人認可或好處。即便不去做這件事對你會比較輕鬆。你的夢想會讓你想要一再地投入，即使曾經歷沮喪、失敗或疲憊。如果你愛上了某件事，離開了一會兒，然後又愛上了它……那應該就是你的夢想。夢想會讓你感覺你單純必須再次回歸於它，因為你無法想像以其他方式生活。

艾蜜莉在生活中實踐夢想

艾蜜莉負責準備我們家黃金獵犬盧克的晚餐。她全力以赴並且相當滿意這個任務，同時也遭遇不小的困難。每天晚上，艾蜜莉都得仔細依獸醫囑咐，倒出兩杯裝的狗糧。如果你和艾蜜莉一樣因腦傷導致手指僵硬，這個動作會挺麻煩的。她常常會需要反覆重頭來過，好裝出正確的量。有時她會因為手指實在缺乏完成動作的力量而「放棄」，但總是沒過多久又東山再起，持續嘗試。狗狗需要她！哪個試圖要做「她的」工作的人可要小心了。

艾蜜莉的生命重點是要成為照顧者，生活中的每一天，她都在以各種方式試著幫助他人。她在口袋裡放了面紙，好隨時準備遞給哪位需要的同學。她會從商店帶回她哥哥最喜歡的餅乾。當她在學區辦公室工作時，她總是樂意幫忙大家影印文件，高興地為需要在主管辦公室工作的任何人操作影印機，工作有餘裕時，她還會畫溫馨小圖給需要打氣的人們。她瘋狂熱衷於照顧我們家那些毛茸茸的家庭成員。

艾蜜莉堅持著她想做的事情，儘管她的手總是得和狗糧的量杯奮戰，即便周邊沒有人感謝她所做的家事，或拍拍她的背鼓勵她的奮力不懈。艾蜜莉天生依著目標而活，只要是追求對她真正重要的事情，她就勢不可擋。我得說，她經常會遇到障礙，但心讓她專注於夢想，賦予她堅持的力量，讓她充滿熱情和毅力地直視前方目標。

帶著真誠目標去生活是艾蜜莉成功的祕訣。這是她的天性和才能，也是她成為我的榜樣的另一個原因。這是為什麼艾蜜莉能超出她的身體局限，完成更多的事。此外，儘管薪水不佳、沒有能見度，也不會有進階職位，餵狗和許多類似的工作顯然都為艾蜜莉帶來真誠的喜悅。

當她終於在盤子倒好分量適當的狗糧，呼喚狗狗吃飯時，艾蜜莉總是笑得超開心。她照顧著自己心愛的狗，幫助了她的家人，實現了她最珍視的人生目標。還有什麼比這樣更好呢？

如何從心：依夢想而活

依夢想而活是觸及心的最佳方式。事實上，這可能是有意識地探尋心的最有力的方法。也絕對是讓你能夠更持久深入心中的最好方式

當你從事對你至關重要的事情時，你會將內在本質呈現於外。我們大多數人（艾蜜莉除外！）通常是倒過來運作，將外在事物——比方他人的意見、期望或認可——內化到自己身上。當你依循夢想而活，你會扭轉這個流向，將存於心的真實自我向外擴展，這是一件了不起的事情。

要體驗心的全部力量，你需要更仔細並富同理心地審視讓你這麼做的原因。如此將能讓你發現什麼才是你所關注的目標。沒有比依夢想而活更能直通心中，也沒有比這更能有效表達心的力量。

心知道關於人生目標的幾件事

艾蜜莉做起來好像很簡單，但並非我們所有人都能自動觸及心，並且了解心對於人生目標和意義的看法。釐清人生目標應該是我們想要探尋內心（以及人際關係和愛）的最大動機之一。想要有美好人生，沒有什麼比這更重要。當你確實與心連結，將能從中獲得許多腦難以企及的重要訊息。那是腦盡其所能仍無法理解的。腦關注其他利益、目的和責任，但只從腦的觀點出發，無法給予你完整視角。依腦而行可能會阻礙你對於心所知訊息的理解，因此，請謹慎選擇你的出發點。

以下是心清楚明白，而腦毫無頭緒的幾項關鍵事實。

- **心知道你可以選擇目標**

如果你有幸生活在一個開放社會中，你可以選擇自己想成為的人，以及你想做的事，並相應地選擇你的目標。人並未帶著你「應該」或「必須」非得要有的特定目標出生。儘管在文化養成條件下，我們可能不總是有這種感覺，但事實是，你可以自己選擇你的目標。

腦會根據外在觀點，例如社會地位、他人想法，或某種官方認證，例如學位、學術能力指標（或缺乏相關能力），來進行目標的選擇。但擅長科學並不意味著你就該成為一名科學家！

為了找出你的真正目標，你需要向心探求，心會孜孜不倦地幫你聚焦在對你真正重要的事情。心會根據內在觀點來影響選擇目標，例如熱情、喜悅、愛、意義以及願意為某件事犧牲的意願。假使你並不總是知道自己的目標，心會幫助你安然於這個過程，也允許你在朝向目標的途中犯錯。

- **心知道你確實有目標——而且你會找到它**

每個人都有心之所向的目標，無論是否能在當下立即回答「你的目標是什麼」這個問題。甚至可能要歷經多年的學習和經驗，才能全然與心相連並發現自己的目標，但是任何人都可以做得到。

- **心知道你的夢想是專屬於你的**

幫助他人可能是艾蜜莉、德蕾莎修女或你牙醫的夢想，但不會因此就對於你有重要意義。你的夢想也許有時會讓你與外於自我的更大事物連結起來，但總是會讓你與自己的內在本質相連。

觀察艾蜜莉在追求夢想時的喜悅和滿足，我從中得到的體悟並不是要「讓自己成為有用的人」或「為他人服務」。艾蜜莉從心而為所做的，就是成為她自己。艾蜜莉想要成為一個照顧者，她盡心盡力地去完成這個目標。對於其他人來說，可能會有所不同。你的重要目標可能是去幫助他人，也可能是去創造、去串聯、或者是去探索……。

全面而令人滿足的生活來自於清楚意識到目標和意義，並積極參與實現心之所望。你必須向內心探求真正重要的事物。腦在尋找個人目標和意義時常會脫軌，因為腦學到了一整套關於「你應該如何」的信念，並以此來決定何者是重要的。這個「應該」的框架使得你很難分辨出什麼才對你真的很重要！

- 心知道夢想的表現形式可能會變化

有時候，你的目標會發生變化，比如你的夢想從養小孩變成在工作上追求晉升，又或者從賺大錢變成當藝術家。更常見的是，你的目標可能看起來不一樣，但本質並未變化。只是你會以扮演不同的角色來實現相同的人生目標。夢想當個照顧者的艾蜜莉可能是老師、郵差、走失寵物追蹤者等等。實現目標時，你有時是支薪工作者，有時則透過業餘愛好、志願工作或人際關係的建立來達成。心對於目標和意義毫不妥協，但對於它們所採用的確切形式抱持未知開放態度。

有位患者給了我一個有趣的例子。她和丈夫每年都大張旗鼓地準備逾越節（Passover）聚會活動，包括擺滿了餐桌和另外兩張摺疊桌的菜餚、生動的讀劇和樂曲、十八磅的雞肉、幫孩子們準備的大聲公和口罩。

這位患者每一年都在恐懼這大量的準備工作和烹煮任務，而每一年，當家人和朋友圍在她的桌子旁，她就想起了為什麼要做這一切，並感到這將為她的孩子們帶來在她小時候所思念的身處於大家庭中的溫暖和力量，於是這一切都值得。

後來，她深度參與了一項對她來說是全新經歷的競選工作。她的餐桌完全被辦公室的工作所接管，她每一分鐘都奉獻給了她的候選人。

因此，今年她宣布不再大擺筵席。她很樂意帶著雞胸肉去其他人家中聚集歡鬧，或者負責預定餐廳。

她對自己會這麼做感到有些驚訝！但是她清楚地知道對她來說什麼才是她所重視的意義，儘管實踐方式不同，她找到了另一種方式來達成目標。

• 心知道你的夢想也可能是很微小的事

我們許多人都有著認為目的和意義必須是崇高、深刻、慷慨激昂或野心勃勃地，圍繞某個偉大理念或事件而建立的觀點。儘管確實可能是這樣，但能回歸於日常生活中的一部分，要比高談闊論更有意義。比方，好好照顧一隻愛你並且需要你的狗，而不是拯救全世界所有飢餓的狗。每一件小事加在一起就會形成你所追求的目的和意義。其中或許也有一些搶眼的大型珠寶，但它們並不是使你的夢想強大的原因。

怎樣才叫有所貢獻？

對於何謂貢獻的內涵過於廣泛，有時會成為你實現目標的絆腳石。將標準設得太高反而令人裹足不前。如果我們認為要有所貢獻就必須去推動一項改革運動、贏得某場戰役、解決一個普遍性或永久性的問題，我們很有可能會因為擔憂自己無法達到這些高標，而根本跨不出第一步。影響深遠的大計畫可能很有價值，但即使你正打算這麼做，當你正思索如何幫助全世界的同時，最好能重新將貢獻聚焦定義為某些更小、更簡單的行動。

我觀察艾蜜莉所做的事。她的經典作之一是點亮別人的生活，而且通常只是透過她的一抹微笑。我不認為艾蜜莉是刻意要向他們展開笑容，但她似乎就是能對人們產生這樣的影響。發乎內心所做出的貢獻通常就像這樣，令人愉快、溫暖且容易做到。腦對於貢獻的觀點比較嚴苛：你稱這叫捐贈？差得可遠了！對於你聲稱如此重大的問題，你甚至沒有即刻打給參議員抗議。珍妮絲今天提出了她在救濟所的志願輪值表，你又做了什麼？別大吹大擂，但即便只是做出一些能使世界變得更加美好的小事，也要記得鼓勵自己。要知道，不管你是每天努力保持誠信或試著讓自己的生活速度慢下來，你都在為這世界做出貢獻，也讓自己受益。

為什麼要問「為什麼？」

你可以重複使用一個問題（實際上是一句話）來釐清你的目標。問問自己，為什麼？為什麼我在做我正在做的事情？

在每個回答之後，再次詢問為什麼。你的每一次回答，都會讓你更聚焦你正努力的夢想或目標，你所熱切渴望的事物。這個問題有助於幫你逐步釐清每一件事情對你的意義，讓你的目標浮現在最頂層。

舉例來說，當你的鬧鐘在凌晨五點半響起，你可能會自問：是誰設了這該死的東西？但我建議你改用同樣簡單，但可能更深刻的提問。

為什麼天亮前得起床？

因為我真的不能在今天的第一個會議中遲到。

為什麼不行？

因為這會讓今天要見的那些創業投資人印象不佳，這樣就不會投資了。

為什麼這很重要？

你現在是在開玩笑嗎？因為他們可以讓我自己開公司的夢想成真啊！這就是為什麼！

為什麼這是你的夢想？

因為我受夠了為別人的公司做牛做馬，成天擔心失業，卻沒有做任何真的對我有意義的工作，而且我開的公司將為許多家庭帶來重大改變。

這為什麼很重要？

我想對世界有所貢獻。

聽起來是個重要目標呢！

注意，假使你在回答「為什麼」這個問題時，你的答案以「因為我應該」或者「因為

「某某人說的某某意見」」為開頭。這表示你還在以腦為優先。比方：

為什麼天亮前得起床？

因為我爸是「早起的鳥兒有蟲吃」的信奉者。

為什麼開自己的公司是你的夢想？

因為在工作這麼長時間之後，我應該要自己出來闖闖看。

在所給定的問題上區分出「應該」和你自己的立場，這是非常重要的。根植於心的目標是具有高度動機的，有益於我們面對挑戰。基於腦而設定的目標（所謂的「應該」）則會因缺乏內在動機而逐漸消退。

如果你的答案更偏向於「如何做」而不是「為什麼」要做，亦即執行策略更重於目標，這也表明答案來自腦而不是心。這兩件事都至關重要。「為什麼」讓你了解最深層的動機，並讓你得以在面對困境時善用這個動力。「如何做」幫助你制定策略以及實現目標所要採取的步驟。這是重要的，沒有執行策略時，我們的夢想可能只是個最終無法真正實現的大夢。但只問「如何做」，不會讓你更加了解自己的目標。因此，請繼續追問「為什麼」。

該問的好問題

要減少問題，最快速、也最簡單的方法，是仔細選擇你認為該問的問題。

艾蜜莉是這方面的專家。她從來不去想應該擔心的事。她堅定地只關注以下問題：（1）是否與自己的夢想相關，並且符合她的價值觀和目標；（2）是否在她可控制的範圍內。其他都是微不足道的小事，而高度意識到自己的人生目標為何的艾蜜莉，不會為小事困擾。這是處於心的明證。

而且，好處來啦！緊隨而至的就是問題的大量削減。在留下的較短的問題清單上列的，都是該問的好問題，艾蜜莉從不迴避這些問題。她準備周全並且願意去解決問題。事實上，我認為她很享受完成每次任務的過程。例如，當她下定決心要去某個重要的目的地時，艾蜜莉喜歡自己走過去，儘管她的緩慢步伐可能令人挫折。（她並不擔心自己的進度慢，但很多時候，其他人不會等她，她可不認同這樣！）

不過，忘記要餵寵物對艾蜜莉來說，「這是個大問題！」身為照顧者，尤其是專門負責動物朋友們的照顧者來說，這是令人震驚的。（也是與她的人生目標直接相關的重要問題。）由於餵養寵物在她的能力和責任範圍之內，艾蜜莉會要求自己負責。但她不會因為「失敗」而受困。

艾蜜莉天生就這麼做，你也可以，對於所面對的挑戰，在開始著手進行前，透過問自己一些問題，為自己省下更多時間和困擾。問問自己，這是個問題嗎？一個真正的問題？對我來說？你會想要確定自己實際上並不是只是出於煩惱、焦躁、自尊心或其實在面對其他人的問題，如此你將可以選擇自己真正該負擔的責任，並且將精力花在值得承擔的事情上。如果某件事對你來說並不是真正重要的問題，或者你對這問題無能為力，那麼你沒有理由要求自己該去解決它。

設定一個好目標

大部分人都無法只是聲明自己的目標，然後就能立刻實現。即使你很清楚你的夢想，以及什麼對你有意義，這也只是過程。事實上，對於目標的追求是個持續一生的旅程，而不只是一個單一的目的地。

與你的夢想保持一致的好方法之一，是審慎地為自己設定一個能讓你過美好人生的目標。你可以將目標做為支持你實現夢想的基石。但是你會需要確定能設定適合你的好目標。目標必須具有一定的困難度，可以達成，但會需要跨出你的舒適圈，並且必須基於內在動機。這些目標重視過程，而非要求特定結果。好的目標是具體的、可衡量的，並且是在你的控制範圍內的。

如果你的夢想是養育出一個具有韌性的孩子，而你有第一時間跳下去解決每個問題的傾向，那麼一個可以做為開始的好目標是：不要在孩子一遇到挫折時，就出手幫他完成數學作業。從今天開始。你可以持續設定相同的目標，但要確保你會在短期內明確地知道你是否達成目標，或者是否在達成目標的軌道上。一個不是那麼好的目標是設定為讓你的孩子不會感到挫折，這目標或許有特定對象，但是無法衡量，也不在你的控制範圍內。

腦和心設定的目標種類大不同，朝向所選擇的目標前進的方式也迥然相異。腦偏好現狀、待在安全區，強調外在條件並且要求結果、結果、結果。腦會鎖定單一目標，執著不放。這看起來似乎很有效率，但是只求速度和沒有彈性，通常意味著這個目標對你來說不是最重要的。

當你的孩子因為他的毛根美勞作品無法成功站立而哭泣時，腦會立刻鎖定要將作品完成的目標。父母親會在腦的影響下屈服，立刻出手幫忙調整。看哪！多完美的作品，那絨毛條站得好好地向大家致意呢！這結果很好，並且花不了多少時間。但是，養育一個有韌性的孩子的長期目標卻被掩蓋住了。

心所設定的目標總是會讓你朝著真正的夢想邁進。心或許有偏好的結果，但從來不會迫切需要用任何單一方法來產生某個成果。心知道不管結果如何，你必須出於愛而去做。在剛剛的案例中，父母愛他們的孩子，出於愛，他們會希望孩子們能學會應對自己的挫敗感，因此他們會保持不出手干預的做法。儘管他們可能還是幫忙完成了許多對大人來說也算困難的數學作業，儘管他們可能出手調整了一下工藝勞作，他們仍會繼續嘗試要自己往後退一步的艱難選項。

過程是重要的。你知道的：重點不是輸贏，而是如何玩這個遊戲。（注意一下這句話是否讓你不以為然。只能說，這畢竟不是腦會支持的觀點。）心始終會記得你的重大願景和關乎你個人的長期目標，並且提供所需的一切後援。以心為優先的父母會很樂意讓孩子們生產出沒那麼完美的美勞作品，或者未完成的功課，因為這並不是他們真正關心的結果。心會在那裡，協助承受安撫孩子並減輕他們的挫敗感時所遭遇的抵抗。心也會幫助父母親處理好自己對此的感受。（老師會怎麼想？我不喜歡看到我的孩子難過！如果其他小朋友／父母都好好完成了那個見鬼的毛根作品怎麼辦？）腦會因為實現目標的過程遭遇困難而卡住，心則會在任何逆境中助你一臂之力。當你是為了你的夢想和意義而設定目標時，心不會因錯誤、遭遇限制、或大或小的障礙而受阻——例如：教孩子們如何面對失敗、重新再戰以及應對挫折感。又或者是教孩子們如何保持與心的聯繫。

傾聽你的心

心知道你的夢想，如果你仔細聽，它會告訴你。心為你提供很多線索，儘管你可能得想想如何降低腦的干擾，好聽得清楚。

來自腦的訊息可能會更大聲（我應該要……我應該……我必須……我需要……），但是你想聽的，來自於心的輕聲耳語。請注意這些聲音：這很有趣、這不只是跟我一個人有關、我正在做很不一樣的事、這對我很重要、我喜歡這麼做。同時請留意那些你做起來如魚得水，感受不到時間流逝，即使沒有報酬也願意去做的事。

還有另一個提示：夢想通常可以代表一個（或多個）心的渴望。的確，這和討論關於心對於目標和意義的渴望那一章節好像有點在繞口令。但在明確夢想的過程中，請注意是什麼為你帶來聯繫和歸屬感，讓你感受自由、平靜、好奇、喜悅、愛，或者是，意義。滿足那些渴望的事物可能就是你的夢想的一部分。

失敗的意義

判斷某件事是否與你的目標相符的一個好方法是遭受失敗。如果在挫折之後，你感到自己不得不振作起來，拍拍身上的灰，重新開始，那麼，這是你的心之所望。你可以信任心會指引你往重要之處——即使那條路上會遭遇沮喪、受傷、自我懷疑和／或精疲力盡。心會為朝向有目標和意義的人生提供應對途中大小挑戰的內在動機，儘管它無法向每一個絆住你的過往阻礙提出相同保證。但對於你的夢想，心永遠都在。

定義出你的人生目標，是透過失敗來檢證的一個常見好處。你願意為此付出多少？對你有多大關係？腦會說離遠一些，把失敗視為不管是什麼都絕對不會成功，或者不值得為之困擾的徵兆。對腦來說，失敗代表著走進死胡同。而對心來說，失敗只是促成你嘗試新的方向，表示該是時候調整做法。要重新振作，你需要心。腦不明白，而心很清楚的是，某件事對你來說很困難，並不意味著它就不適合你。

心也知道失敗不是故事的終局。我有位曾經在法學院入學考試落榜，而且還落榜了兩次的患者，他後來成為一名新聞工作者，現在負責跑法律新聞，他說他覺得很有成就感。

多次的失敗是艾蜜莉始終如一地清楚自己的目標的祕訣。她在實現當個照顧者的過程中一直遇到障礙——為了打開寵物罐頭而奮戰，忘記她向哥哥承諾要買回來的產品名稱叫什麼，自願幫助在解題上遇到困難的同學卻解不出答案，上班途中在學校的長廊迷路，被不想接受幫助的朋友拒絕。但她很少放棄。她確實會調整，和其他人交朋友，在開罐頭時尋求協助，或者協助紓緩解題的沮喪而非實際幫忙解答。無論如何，她持續提供幫助。艾蜜莉很少像那些以腦為優先的人一樣被挫折嚇跑。照顧這個行為的本身就同時加深並彰顯出了她的目標。如果這不是對她重要的夢想，她怎麼會如此堅持？

不對勁的感覺

當你並未依自己的夢想而活時，你會有感覺。發自內心深處，甚至可能出現可被診斷的憂鬱或焦慮現象。這種未能連結心之所望的感受，可能會產生長期的空虛、煩惱或沮喪。你應該學習將老是感到哪裡不對勁的感覺，視為需要進一步探詢內心的信號。從心出發，你可以找出你的人生到底是哪裡沒對焦，以及如何彌合鴻溝。

對自己提問

不論我的患者是為了什麼原因來找我，最後我總會在某個時間點請他們問自己兩個問題：

我想要做什麼？

以及

是什麼阻止了我？

第一個問題的目的是希望至少帶出發自內心，而非僅止於腦的答案。而無論第一個問題的答案是什麼，第二個問題所揭示的，總是某種形式的恐懼（這是腦的傑作）。

在經過多年數段的短暫戀情後，我的一位患者想要認真找個可以長期交往的對象，但總是沒能鼓起勇氣開始使用約會軟體。單單一個約會軟體為何會讓她卻步？（真正的恐懼是害怕——被拒絕、承認自己改變心意、找不到合適的人、真的遇到喜歡的人……）

另一位患者希望控制自己的前期糖尿病症狀，她花了大筆錢買了健身房的入會資格，卻從沒有真的走進去。因為恐懼。她怕人家看到她的身材，怕自己不懂如何操作機器而顯得愚蠢，擔心即使做運動也沒有變得更健康，害怕比健身房其他女生都胖，也害怕減肥成功反倒失去了她為什麼堅持不去約會的藉口……腦提出了很多避免陷入陌生情境的「理由」。保持現狀似乎更安全。

然而，心可以戳破這些屁話。當腦提出不做某事的「理由」時，心會辨識出這些都只是讓你逃避不適感的老藉口。因此，在對自己提問時，清單上還要再加上一個問題：

這是真正的原因——還是藉口？

心不會放任讓逃避不適感這個藉口，阻卻了你朝夢想前進，儘管要改變的頭幾步可能非常困難。心不會接受「我太老了沒辦法」、或「我不擅長」，或「我做不來」，又或者腦丟出來的各種「看似合理」的抵抗理由。

艾蜜莉對於上舞台或再次進入泳池學游泳，並不是不會感到恐懼，但她還是會去做。她永遠從心而活，不會找藉口停下。感謝你的提醒，但在尋求她真正想要的東西時，她會試著應對這些不適感。她絕不會讓這些事阻止她。

當心召喚我們去達成人生目標和意義時，它同時也提供我們自我疼惜、調適和勇氣，來面對路上可能遭遇的一切阻礙。以此成功擊退腦的恐懼和迴避策略。承認你的恐懼，認真面對並原諒自己感到恐懼——心會幫助你。讓自己保持與心同行。辨識出所面對的障礙究竟是什麼，不要忘記疼惜自我，是度過一切難關的最重要步驟。

重新檢視目標

如果你在實踐目標時遇到困難，請試著將目標轉移到更具體、更直接可為的事情上。確保那件事是在你的控制範圍內。這樣的調整在以下情況特別有用：當你所設定的目標遠超過於眼前仍在發展中的過程，可能過於執著或注重結果，或者目標過大、範圍過廣，又或者過於冀望未來，超出目前能力所及。

那位抗拒約會軟體的患者一開始告訴我，她的目標是「找到命中注定的那個人」。當她發現是恐懼使她無法朝自己的目標前進時，她重新檢視了自己的目標。她依舊設定了要尋找不同以往的戀愛關係，但開始更聚焦在思考「我想更勇敢的去投入一段感情」，而非「我想要談個長期的戀情」。因此，即使她知道無論採取哪種方式，都無法確定自己是否真的能找到一段新的戀愛關係，她可以選擇勇敢，可以努力尋找愛情（在內心深處，她確實想這麼做），也可以偶爾拿不定主意。儘管那個對象可能還不知道遠在何方，她可以今天就打開約會軟體試試看。

失效的優缺點清單

對於目標的重新思考成為蘿拉決定選擇哪個工作的關鍵。兩份都是好工作。事實上，是相當好的工作，她多年來的辛勤不倦即將有所回報，讓她得以去她想去的地方。所以……她到底想去哪裡？做出對的選擇，將讓蘿拉更容易實現自己的夢想，獲得能夠從事與自己的目標相符且有意義的工作的所有好處。

長期以來，蘿拉的目標是希望能投入可以為世界做出貢獻的重要工作，對於這個目標的追尋，讓她通過了最好的醫學訓練。而此刻，她必須向心探問，她該如何繼續往目標邁進。所謂的做出貢獻到底會是什麼樣的？

這兩份工作都可以達到透過改善醫療來幫助人們的目的。但是，能讓她每天都感到充滿意義的工作是什麼？哪裡會讓她覺得所付出的每滴血汗和淚水都是值得的？是什麼能持續激勵蘿拉，讓她感到滿足？

這兩份工作都很出色，看起來蘿拉似乎不管選哪個都不會錯。蘿拉明白其他跟自己在同樣位置的畢業生，對於何者才是通往美好人生的車票，可能會有和她不一樣的選擇。但是，這些工作中只有一項，最有可能讓蘿拉走上對她有意義的、完滿的、充實的人生道路。

蘿拉最親密的導師、同時也是醫生的母親支持那份研究職位的工作，蘿拉覺得那可能可以讓她對所專長的研究領域有所貢獻，並成為先驅，確實有吸引力。她的男朋友也投票給那份工作，原因是它所在的城市，蘿拉的確喜歡那裡垂手可及的各式文化刺激，特別是現在她真的可以有些空閒時間。

蘿拉的父親則投票給那份基層醫療工作，他認為這比較能平衡工作與生活，這也是他一直在努力的事情。她在醫學院的好朋友也支持這個選項，因為她畢業後就回到家鄉服務，離這份工作所在的鄉村醫院不遠。能和患者們建立較長期的醫療關係這一點吸引了蘿拉，並且花了不少時間想像她將有能力負擔一間屬於自己的房子，草坪大到可以有花園！也許還能裝個吊床！

蘿拉說，各式想法在她腦中轉個不停，導致她卡住，下不了決定。她列出了兩份工作的優缺點清單，但無論她怎麼看，都看不出答案。

我知道我的心想要什麼……

「我知道這裡的我想要什麼。」她嘆氣，指指自己的頭。「這裡也很清楚。」她接著指向自己的心臟部位。此時我明白，蘿拉已經有了她所需要的答案。但是對她來說，她看到的會是相衝突的，這讓她無法做出決策。

蘿拉有點被「如何做」給困住，怎麼做能讓工作達成她想要的有意義的生活？「如何做」是腦關心的問題。蘿拉進一步追問「為什麼」。為什麼她想要做研究？為什麼想去大城市？為什麼薪資差別是個重點？她又為什麼想去偏遠的中西部？為什麼想要關注農村醫療？詢問「為什麼」會幫忙釐清你的期望或重要目標——你的夢想。

蘿拉從腦那裡得到許多答案。她的表現這麼優秀，這不正是最配得上她的工作嗎？經過這麼長時間的訓練、準備醫學證照、每週額外閱讀更多文章好跟上研究的步伐，這不正是她所期望的結果嗎？蘿拉指著頭表示，這些是她的腦所表達的想法，告訴她「應該」就這麼辨。她覺得這似乎就是有意義的工作和生活的輪廓。但對蘿拉的好朋友來說，這意思是：有機會在實驗室工作是她探求未知、持續發現和追求目標的途徑。不過，蘿拉需要找到她自己的道路。

心也表達了它的意見，像是：我想為人們的生活帶來真正的改變、我想讓醫療保健更容易獲得等等。蘿拉開始意識到自己的回答裡包含了不同類型的訊息，並且分辨出源自於心和來自於腦的答案。

在腦的想法之外，蘿拉開始聆聽心的訊息，她發現對她來說，她真正想要做的是能夠直接接觸到患者，建立長期聯繫，並且為那些原先可能無法獲得幫助的人們提供醫療照護。最終，她看到了符合夢想的工作。

我們都希望生活得有目標感，與夢想相連。腦會讓我們以為，我們必須找到並追求一個特定的目標，一旦我們在通往那個目標的最短距離的路徑上走岔了，就會失敗。心知道我們的目標有時會發生變化，不論你的目標是什麼，也都會有多種達成的方式。此外，腦所謂的失敗，實際上是確認目標的好方法。我們是否覺得非繼續下去不可？如此我們可以朝著目標邁進。心知道我們是為了經歷人生而在此處，沒有一項經驗是毫無意義的，也絕對不是浪費時間或錯誤。心接受所有經驗，從中學習、成長和構建美好生活。包括人生的目的和意義。

清楚知道你的目標是一項艱鉅的任務。有時你會感到迷惘，這是不要緊的。與自己的目標保持聯繫是一項必須持續進行的工作。而如果你現在正好被迷霧籠罩，謹提供我所知的最佳捷徑，幫助你找到並堅持自己的夢想，以及對你最有意義的目標。那就是：記住要向心探詢。今天就這麼做。明天也是。在你需要時隨時這麼做。不管什麼事情對你最重要，向心探詢就像是個總體目標。我自己的經驗是，無論我的目標是什麼，它們都有截止日期，其中只有一個永遠不會失效。你的目標隨著時間變化和發展是正常的。而對我來說，在我各種積極而外顯的目標之下，有一個不曾動搖或消退的永恆目標，那就是：從心而活。我個人以艾蜜莉做為我的榜樣和提醒，她比任何人都以心為優先。我總是會忘了這麼做，因此每天早晨，我會以一個簡單的自我承諾，再次致力於這個目標：今天，請讓我依心而活。

第七章

心連心：聯繫與歸屬

在醫生宣判艾蜜莉有「腦部損傷」後，我陷入長達數月的黑暗之中，被揮之不去的恐懼、反覆迴繞的失落感，以及她和我將面對的悲慘未來所淹沒。我千方百計地想「解決」這個問題，卻沒有滿意的答案。我拚命嘗試，花費大把精力，卻總是回到原點。

艾蜜莉一歲半的某一天，我正在切胡蘿蔔準備晚餐，她坐在房間另一端的嬰兒椅上。我發出「嗝」的一聲。因為我以為我聽見艾蜜莉在打嗝，很自然地跟著模仿她，出於下意識地學她發出這個沒有特別意義的信號。這是出於想要與我的孩子建立某種聯繫的習慣，一直以來都是這樣，儘管我並不期望會得到回應。

然而，對於這不加思索、沒啥意思的行為，艾蜜莉咯咯笑了。

她突然其來的反應讓我愣了一下，也笑出聲來。

跟著，艾蜜莉說了：「嗨！」

我那有著因腦部受損，無法用語言表情達意、可能永遠不會說話或走路的小嬰兒開口說了嗨。她是在對我說呢！就在這間廚房裡，在我如常地切著胡蘿蔔的此刻。但這次不同，在這個奇異、神奇的時刻，她說了「嗨」。

於是，我也向她說：「嗨！」

艾蜜莉開始扭動，小小的身體激動地整個晃動著。我們有了連結！

我抱起她，將她柔軟溫暖的身體貼在我身上，在她嘴角帶著泡泡，發出傻氣、咯咯響的聲音時，不斷出聲讚嘆。我們大聲喊著，「嗨！嗨！嗨！」，妳一句我一句，樂此不疲。我越回應她，她越是開心地不停扭動。我的寶貝女兒好開心哪，快樂到甚至沒辦法讓身體保持平靜；我無法表達自己有多麼喜悅，邊笑邊哭。

在那之後的每一天，我都生活在和我的女兒彼此愛與被愛的緊密關係中，但是那一刻對我來說是前所未有的，展現了人與人之間深刻而根本的相連力量。這是對於心之所能的最真誠體驗。艾蜜莉的聲音以及她明顯的喜悅，讓我瞬間明白：我們之間建立了聯繫。我們過去就彼此相連。之後也將會如此。心讓我們有了聯繫，讓我得以看到艾蜜莉的真實面貌，而非帶著恐懼面對。

那時我還無法以言語表達我的感受，就在那天，艾蜜莉用她的心靠近了我。她的這種能力使我能夠回報以心，即便我天生傾向於用我的腦與世界接觸。我一直努力想要多多少少地改變她，我對艾蜜莉到底是什麼狀況充滿了恐懼。這是因為我使用了錯誤的鏡頭，以至於完全失焦。用心，還有艾蜜莉所給予的榜樣做為引導，讓我能看清事物。艾蜜莉很好，也許我也可以。

在第一次發聲後，艾蜜莉開始跟每個人打招呼，毫不疲憊。我們每天可以聽到上百次的「嗨！」、「嗨！」、「嗨！」。艾蜜莉自己玩得很開心，但也明顯地非常想與所有人建立連結。她學會了更多詞彙，都是用來互動的。她學會了說媽媽和爸爸。她學會了叫姊姊的名字。字彙越來越多，有很長一段時間，幾乎所有她新學的單字都是和人們交流時所需要的。

儘管她的腦受到了嚴重的結構性損傷，但與社交連結相關的部分顯然仍運轉良好。多年後，神經心理學測試每次都測出相同的結果：艾蜜莉的智商和幾乎所有其他能力的測試結果都很低，但社交技能除外。在社交技能方面，她的分數比較高，達到與一般同年齡層孩子的「低標」。

艾蜜莉大部分時間都在發展和維持與他人的強韌連結——她的家人，她的學校朋友，協助她的許多專業人員，每週在超市熟食店遇見的那個傢伙，我們的銀行行員。她小時候幾乎會和每個人聊天，隨著長大及社會化，她不再跟誰都說上幾句，但是她總是接受友善並尊重她的人。與那些以腦為優先地過生活的人相比，艾蜜莉對他人保持著開放的心，這反映了她的殘疾，但這也是她成功的祕訣。讓心連心是艾蜜莉的超能力。

美國式個人主義以及為什麼我們應該選個新的主張

美國的文化極大程度在強調美國式的強烈個人主義。當個美國人就是要在身體和情感上自立自強，這是由腦主導的概念。我們對於自己扛住一切無所畏懼，儘管那項任務不論從表面或實際上來評估，都不可能由一個人獨力完成。將「我可以自己來」做為優先選項是錯誤的，這只會讓我們彼此間更加疏離。

人類天生是社會性的生物，經由相互合作而逐步進化。我們不僅是被設計為要共同生活和工作，同時也為了發展健康和支持的情感聯繫。與他人在一起及與他人保持聯繫是出於人類的天性。人們通常渴望建立密切的、相互依賴的、彼此同理的關係（儘管彼此相異甚大）。因此，跟隨腦的「我可以自己來」的指示，就像是飛蛾撲火。這也違背了心對於與人建立聯繫的渴望。

朋友對我們有益

還有另一個反駁腦的孤立主義的原因：社交關係對你有益。真的、真的很有幫助。假使你有意尋求更健康、活得更久、生活滿意度更高的人生。

黃金標準研究證明了高品質關係的強大力量。在喬治．威蘭特（George Vaillant）和羅伯特．沃爾丁格（Robert Waldinger）對於人類健康和幸福進行的超過四分之三個世紀的著名研究中，他們對於一群哈佛大學的男生以及他們的後代做了長期觀察。（同時，也增加另一個群體做為多樣性的對照組。）這個難得的研究持續追蹤受試著自少年至九十高齡（到目前為止）。結果令人震驚：擁有良好的親密關係，且在社區中有社會聯繫的人，比那些沒有的人活得更長，並且感覺自己更快樂、健康。他們沒有許多常見的老年疾患。那些覺得自己很幸福的人也是最健康的一群。從長期來看，這些發現是正確的。而且以這項研究的騎乘來看，我們說長期，可是真的意味著長期！

尋求聯繫是心的主要渴望之一，這並不令人驚訝。心總是朝向對我們有益的事。

心召喚我們建立聯繫，有助於我們對他人伸出手，以及接受他人對我們的回應。這正是艾蜜莉和身邊人們接觸時的方式，她給予對方時間和關注，並且顯然自每天的互動中受益良多，不像她媽媽，進入超市或銀行時總是以腦為優先的思考，避免視線接觸，只想著要做的事，也總因為莫名的緊迫感讓自己坐立不安。

大部分時候，當我們談到聯繫，指的是建立人與人間的關係紐帶。這點很重要，但心不以此為足。本質上，聯繫涉及了與更廣闊世界、與社區、甚至與全人類的關聯。說實話，也擴及全宇宙。心希望我們與比自己更大的事物建立聯繫，小至與鄰居、親戚、朋友或愛人，到參與社區、家長會或讀書俱樂部的事務，大至與陌生他者的親近感以及在精神或冥想中感受全人合一。

腦傾向於嘲笑這種所謂生命網絡的言論，但心知道我們彼此相連，其間具有力量。從心出發，你將從「我並不孤單」這一個簡單事實中，獲得深遠的力量。

支持力量在哪裡？

安瑪麗最近離婚，源自內在的力量讓她得以在承受巨大變動下，將各方面都考慮周全，應付得宜。有感於自己帶著孩子生活的經濟壓力會越來越大，在日常工作外，她選擇晚上回學校進修，好提高自己在就業市場上的競爭力。儘管恐懼，她還是勇敢地接受了隨之而來的挑戰，去做必要的事情。有一段時間，她感覺自己進行得很不錯。她喜歡學習新的事物，能對自己的未來負責的感覺很好，也建立起自己在專業領域的信心。

但漸漸地，在離婚很久之後，安瑪麗開始變得悲傷、麻木，缺乏生活動力。她並沒有表現出沮喪，但她感到憂鬱，失去了上課的熱情。在與我的會面中，她的講述方式也和過去不同了，像發條鬆了一般。過去，即使在我們討論最困難的問題時，她也總是充滿活力、興致勃勃，現在則顯得有些刻意表現積極。

我們花了一段時間探究到底發生了什麼事。這都是因為離婚而來的反應嗎？對未來的恐懼？單親壓力？

最後，我們爬梳出真實故事，找到了真正的原因。安瑪麗深刻地認知並理解這都不是上述那些緣由所產生的作用。由於晚上要上課，這讓她的行程與好朋友們都搭不上，她們按正規時間上下班，而她為自己留的空檔時間如此短暫，讓她無法和朋友見面、聚會或甚至只是小小聊個天。好友群的每個人也各自有忙碌的生活，找時間定期碰面不僅困難，到後來幾乎是不可能。

安瑪麗意識到，隨著時間過去，這個損失對她來說，在某種程度上比離婚的影響更大。失去與「她的支持群體們」的聯繫，這讓她感到孤單，她知道那些朋友是真的了解她並愛她，而她失去了這些值得信賴的朋友才能提供的那種支持。這些朋友只要對你說幾句話，就能改變你的感受。即使你不太確定自己的想法，當他們說「這樣應該有用」，你會願意相信。

安瑪麗也無人可分享她的新生活，透過一起歡慶，讓這個歷程有其意義。她想念她的啦啦隊，而另一個讓她更難過的部分是：隨著新生活不斷開展，她知道她的朋友們將不會真的認識這個「新」的她。她們怎麼有機會了解她呢？

在對她的處境有了這種了解時，我知道安瑪麗已經進入她自己的心。她可以感覺到自己的心之所向，明白自己對於保持聯繫的渴望。當她更深入與心連結時，她很清楚自己（和她的心）該怎麼做。

安瑪麗決定在這個學期結束後，轉到另一個日間課程。新學期還要幾週後才開學呢，她已經在籌備「回歸派對」，要和幾個朋友碰面暢飲。她也重新去報名了最喜歡的瑜伽課，那裡會遇見許多初次碰面的朋友，她知道自己會開始建立起定期的聯繫。

建立與內在自我的聯繫

心不僅要我們與他人建立聯繫，也要關注內在的自己。要能真正與他人建立聯繫，你需要先對自己有同理心，後面的章節會對此有更多的論述。就像我們會尊重對方的真實樣貌，對於我們與自己的關係也適用同樣的要求。心知道，只有當我們能連接自己的力量和真實的自我，接受自己的現狀時，我們也才能如此待人。

為了與其他人充分聯繫，我們必須先建立起與自己的聯繫，這是一切的前提，與自我的聯繫會帶來接納、歸屬、和愛的感受，以及我們曾經討論過的諸多好處。如果你沒有接納自我，就無法真正感到與他人親近。

面對自己，你會感受脆弱、較易相信和必須自我揭露。然而，當你坦誠地接納自己時，你也會擁有被愛所接納的信心。（當然，你也要以相同方式延伸應用至他人身上。心幫助你將另一個人視為雖然會犯錯，卻還是很棒的平常人，就和你自己一樣，這是建立真正牢固關係的基礎。）

這並不意味著在你與他人建立聯繫之前，你得完全搞清楚自己是怎麼回事。事實上，你可能會對自己感到困惑，但仍然能和他人保持聯繫。在這種混亂狀態下，你或許會感到脆弱，但也更容易感受他人的愛與支持。

無論如何，安瑪麗的瑜珈課計畫很有用，因為對她而言，瑜伽不僅是運動，還是一種向內探求、感覺及與自我聯繫的方式。不過這一點對安瑪麗來說是額外的好處，因為她真正期待的是和朋友們相處的時間。

運動對你有好處的另一個理由

對許多人來說，運動不僅是增加健康，也是改善他們與內在自我聯繫的一種方法，運動的方式也不僅只有像安瑪麗上的那種特別強調內在冥想的瑜珈課。如果你願意嘗試，有非常多的選擇。

我個人覺得瑜伽既困難又無聊。不過那只是我的情況；瑜伽對很多人來說很棒。但是我喜歡速度快一點的運動，我喜歡跑步。部分原因是跑步時，我能感受我的內在力量、自由、喜悅，覺得自己很棒，對我來說，它是一個不錯的選擇。

關鍵是，與自己建立聯繫非常重要，因此你應該謹慎選擇如何做。運動可能不適合你，這也沒關係。無論你用哪種方法，也不管運動與否，要跑步、瑜伽或任何其他練習，請選擇一種積極的方式為你提供支持。

獨處但不孤獨

與自己建立聯繫也意味著發展與自己獨處的能力。內向的人確實很需要、而且可能很擅長這麼做。獨處並且在獨處時感覺自在，對任何人來說都需要一些練習，同時需要稍微向心探求。

我的大女兒泰絲小時候很喜歡提醒我，記得為她（和我）特別安排的每日隔離時間。我將它稱為獎勵，而她也從沒聽說過隔離是一種心理學上的訓練技巧，所以囉……

我們的隔離時間是在一天中的某一個時段，兩個人都各自回到自己的房間，享受獨處的時刻，然後我們（好吧，我啦）會帶著煥然一新的心情，重新聚在一起，繼續這一天該完成的事情。直到今日，我的女兒仍因為我這小小的把戲，熱愛享有獨處的時刻。誠然，性格內向的人要比外向的人容易做到享受獨處，但任何人只要稍加練習，就能對於獨處感到一定的自在。

無論你採用哪種方式，關鍵並不在於你每天花多少時間獨處（或與他人相處），而是在各種情況下，你都能感覺安適——安然地獨自一人，並且也安心地明白不論此刻是否在一起，你與他人都彼此相連。

獨處和與人相聚的時間長短會因人而異，我們所有人都必須學會為自己找出平衡點。我是個內向型的人，除了與家人和朋友們相聚的寶貴時光，我需要很多的獨處時間。對我來說，這是一種必要的充電方式。相較之下，艾蜜莉則是在與他人相聚時最快樂，如果可能的話，她會想與他人共度每一刻，但她也能夠自己打發時間，不會感覺不安。在這方面，我們的相同點是：我們都喜歡和一小群人共處，而不是處在一大群人當中。心和以往一樣，會幫助你找到最佳平衡。

與自己建立聯繫，並且保留時間給自己的另一個重要原因是，安靜和靜思有助於進入內心。這有可能發生在「共同獨處」的情況下，比方團體冥想或祈禱會，大家會一同進入靜思境界。不過，最簡單的方式是讓自己獨自一人地安靜下來。

當然，與他人交流也可以帶來深刻的經驗，只是那並非唯一的方法，而當你能先與自己建立好聯繫時，與他人間的交流將能帶來更多的意義。

歸屬感

人類需要有所歸屬。被包容及接納、與他人分享，成為「某個」群體的一部分，是人們發乎天性和出自內心的渴望。我們希望獲得認可和肯定。假使讓腦來主導，我們會試著依照他人的喜好來形塑和調整自己，好被人們接納或喜愛。如果你選錯了對象，遭到拒絕、有所保留或純粹惡意相向的態度，這將會是個問題。還有另一個問題：如果這樣的調整偏離了你原先對於自己的人生意義的理解和價值觀，那麼你也會遇到麻煩。

我們是如此渴望擁有歸屬感，並且害怕沒有歸屬，以至於去做任何能使他人滿意的事情，對於我們有著強大的吸引力，即使這意味著壓抑或駁斥我們自己的真理或價值觀。我們執迷於以人際關係（以及我們是否是「正確」的那群人的一分子）來衡量自我價值。

在兒童和青少年中，我們很容易看到這種情況——孩子們儘管被所謂「受歡迎」的小團體那群人嘲笑和排斥，他們仍會在被邀請加入時，選擇成為他們的一分子，又或者，他們會參加其實內心很想要避免的活動，例如霸凌或吸菸。

我可以向你擔保：不僅是年輕人們會受到這種趨力影響。我們所有人在試圖滿足尋求歸屬的內心渴望時，假使只用腦來運作，就會受到腦所驅動的恐懼而這麼做。因此，在決定如何能夠滿足心之所向時，請向心探求，這可以幫助你以積極的方式去找到歸屬感，而非出於恐懼。

嗨，陌生人

我們想要與人互動的動力非常強大，即使是與陌生人的短暫交流也對我們有益。對於熱愛建立聯繫的心來說，這不用花太多力氣。

英屬哥倫比亞大學（University of British Columbia）的一項研究顯示，人們在與他人有短暫互動後的情緒會比較好，即便彼此並不認識。

艾蜜莉到哪裡都能和人聊起來。其中不少陌生人現在也成了她的朋友，她從不因為不認識某個人，就阻卻自己這麼做。她在這一點上有非常出色的能力，但進行的策略很簡單。她會對上對方的眼神，給予微笑。如果對方報以笑容，並與她保持眼神接觸，艾蜜莉會開始與對方交談。就算對方沒有反應，她也不會為此困擾。

另一方面，我比較不擅交際。當我們兩個人一起出門，你會很清楚看到誰會忙著和書店的店員攀談，或者跟每個把推車推到超市外頭的人說話。這曾經讓我覺得尷尬，儘管艾蜜莉都保持著該有的禮貌（她有時會表現得太過熱烈）。但真正令人羞於承認的是，我花了很長時間才意識到，所有和艾蜜莉互動的人看起來總是很開心。不過是幾句簡短對話，不僅艾蜜莉自己在互動中得到快樂，大部分時候，對方也同感心情愉悅。

英屬哥倫比亞大學研究人員的理論認為，人們會期待讓不認識的人對自己有正面印象，表現出開朗積極是做到這一點的方法之一，這同時具有讓你感覺良好的極佳作用。（因此，有時候，想要讓別人感到開心其實是不錯的想法。）腦不太知道如何對人表現得開朗積極，如果你想用腦來達成任務，可能會錯失良機。

除了想讓人對自己有好印象，樂於與人互動還有其他更深層的原因。就算只是擦肩而過的點頭之交，也有助於回應我們的心之所向。更深層次的互動則會帶來更深遠的影響，我們會朝向彼此交流連繫，並在其中獲益良多。

質才是重點

心渴望任何形式的積極連結，就算轉瞬即逝。對心來說，量不是衡量基準，質才是重點。對我們有益的不僅是人際關係，而是良好的人際關係。歷久彌新且持久，我們於其間孕育成長，與我們的真理和價值觀保持一致的關係。

在先前引用的長期研究觀察中，安全依附感是所謂的良好關係的關鍵。感覺自己有牢固的依附感被定義為一種狀態，在這種狀態下，雙方都覺得可以在需要時依靠對方，並且會是彼此的支持力量。能夠打從心底知道，你的朋友、另一半、成年兒女或好鄰居會在你出車禍時陪在急診室，或在你的地下室淹水時幫忙帶幾個小時孩子，這是至關重要的。

不過，我認為，在患難時有人伸出援手，並無法完整闡釋與人建立關係對我們的益處。「需要的時刻」有著比該項研究所提出的更為廣泛的類型。比方我們需要聚在一起歡笑，分享趣事、喜悅和一同冒險。在與他人的關係中，我們需要給彼此自由——成長和改變、擁有個人隱私的自由。我們需要無條件地接納對方。當我們自己的心處於黑暗，無法為自己尋求力量時，我們需要與能夠給予我們愛、希望和力量的另一個人建立連結。

以上這些並不見得來自同一個連結關係，但所有連結會彼此關聯並互補增強。可能會有多個連結關係都滿足了同個需求。我們確實需要建立一個可以滿足我們所有需求的連結網絡。如果我們建立關係只為了享樂和冒險，也許會共度一段美好的時光，但我們不會從中獲得心所渴望的深刻連結和歸屬感。

慈心練習（之一）

如果腦受到大量干擾，你很難感覺到與另一個人的聯繫，不單是很難對陌生人敞開心胸，更別提和世界保持連結！引自佛教的慈心概念可以幫助你有所突破。

對於那些喜歡或想要嘗試這個概念的人來說，這可以是一種冥想練習。我本人並不那麼愛冥想（看哪，這樣也沒問題啊！），這麼做更像是一次思考的訓練。在我的經驗中，開始的第一步通常是至少在進行這項練習的幾分鐘裡，刻意地將腦擺到一邊，或者不理會它傳遞的訊息。

在心中描繪身邊與你有親近聯繫的人，想像那個人向你發出了他們對於你的安全、幸福和快樂的愛和／或祝福。感覺如何？

現在，想想這個人對你的感覺和祝福，與你對他們的感覺和祝福之間的相似性。想像你將這股溫暖發送給他們。感覺如何？

然後，在心中描繪一個你認識或知道，但不是你覺得特別有關係的人。想像他們對自己的期望和你對自己的期望之間的相似性。慈心練習或多或少地以此為底線：我希望安心，希望快樂，希望自在生活。每個人不都是這樣嗎？（這當中可能有難以言喻的差異，不過精確的語彙描述不是重點；你可以選擇對你有用的。）想像將那些祝福發送給你所選擇的人。

你可以在這裡停下來，也可以按照自己的方式繼續，隨心所欲地擴大圈子。比方去想一個你不認識但或許曾聽說過、或者是你朋友所關心的人。又比方是某個未曾謀面的不知名人士，生活在世界的另一端，或者生活景況與你大相逕庭。想想某一群與你相關又或者不相關的陌生人，例如癌症患者、在公部門工作的人或這本書的其他讀者——哪種人都好。想想你的鄰居或社區，你的國家，你所居住的這個星球。

如果你到達了一個無法再往下想像之處，不要緊，這只表示練習來到了結尾。至少是今天的練習。如果你喜歡並且持續練習，在過程中你也會逐漸擴大你的覺知範圍。

分類對洗衣服有用，對人際關係有害

在尋求連結的時候，心會抗拒腦的分類能力。腦熱愛把事物分成不同的類別！事實上，分類能力是智力測驗中的一項。在我們的生命中，很多時候分類可能是重要，但並不適用於跟其他人建立連結的情況。

腦利用它在這個領域的能力來區別不同事物——好與壞、朋友與陌生人、值得與不值得，《星際大戰》與《星艦迷航》——當涉及到人時，所有這些區別在我們自己和許多被我們當成「他者」的人之間造成了分隔。腦無法信任「他者」，或將「他者」視為危險因子，好執行確保我們安全的使命。

維持這些區別，以及將我們跟其他「非屬我類的人」區隔開來，會孤立並窄化我們的生命經驗，讓我們精神疲憊。當然，這也剝奪了我們透過連結所能獲得的好處。

心不會像腦一樣花費時間或精力進行分類。這對心沒有任何好處，無論如何都不好。心會看到相似之處而不是差異，並且會看到無處不在的連結；心重視並尋求團結與相互依賴；心認為每個人都有相同的價值。

艾蜜莉在智力測驗的分類能力部分表現很差。這結果完全正確，因為她從來沒學會如何區分不同類別。她從沒將蘋果和青豆區分為水果和蔬菜，她也學不會將人分類，黑人或白人、自由派或保守派、青年或老年、富人或窮人。

所以，對她來說，沒有「我們」和「他們」，沒有所謂「和我們一樣的人」跟「非屬我類的人」。沒有「我喜歡的團體」跟「我不喜歡的團體」，也沒有「可連結」跟「不可連結」的區別。艾蜜莉願意和任何人結識、交談，建立連結，沒有特別的條件或限制。

不過艾蜜莉的心能夠感受一種區別：對方的心是敞開的或是封閉的，在那個當下，對方是否願意打開心來建立連結。一位母親在超市裡匆忙採買趕著離開，顯示此刻她並不想建立連結。這沒問題。一位老先生對著她微笑：「妳看起來像在趕著餵食一隻飢餓的貓咪。」這代表他願意和妳交談，至少在那個當下是的。那個斥責她「別再鬧了」的學生（這件事真的發生過！）顯然在心情變好之前不想搭理任何人。友善地邀請共桌用午餐的學生則看來樂於結識朋友。

我們可以為自己省下很多麻煩，並受益於更多的連結，只要我們拒絕腦用社會地位、外貌、財富和權力來做決定，改而遵循艾蜜莉以當下對方心態開放與否的心標準。

> 真正的發現之旅不在於尋找新的景觀，而在於擁有新的視野。——馬塞爾・普魯斯特（Marcel Proust）

危險的陌生人 vs. 結識與問候

上述那些情況不是腦慣常運作的方式，也不是它會的技能，這從來不在腦的優先選項。當艾蜜莉依心而行地忙著「結識與問候」的生活時，腦想的是「危險的陌生人」。

如果解析我們的腦，「原始大腦」（amygdala）是決定戰鬥或逃走的反應中樞，任何未知的人事物，都可能讓杏仁核發出有潛在威脅的警告。與此同時，我們的文化、媒體、父母和老師也都向我們傳遞「陌生人很危險」的訊息，這影響力擴散全球，大家深信無一處沒有危險潛伏，也包括我們與他人的每一次互動。

我們所相信的會成為我們所看到的。當我們覺得危險無所不在，就增強了腦對我們提示的威脅警報等級。我們認為／相信腦對於危險的感知是「正確的」。

這也難怪我們與外界接觸時，老是感到不安全。

我們學會了即使在自己身上也能看到危險——潛藏的願望、衝動、情感。因此，我們不做自己，這意味著即使我們真的向外接觸，我們也無法建立完整的連結。

我們學會將其他人視為危險的存在，專注在他們最壞的地方，武裝自己好對抗它。

我們學會了只看人際關係的危險性，忙著迴避，再不就是預期、甚至直接認同那段關係將會傷害我們。

在腦主宰的世界中，我們看不到其實我們彼此的相似處大於相異處。我們相互連結，我們彼此需要。相反的，我們被誤解所困，打造出虛幻的觀點：每個人都是一座孤島。或者，更像是城堡的主樓，因為我們覺得我們需要一條護城河以確保我們的安全。

當然，「結識與問候」也會遇到限制。我承認在真實世界裡，有些人確實心懷惡意，保持某種程度的謹慎是必要的。但整體而言，我們的危險意識過度高漲，其實並不總是需要這樣。

是什麼讓你卻步？

腦執著於「我們」vs.「他們」的思維模式，要腦在短時間內改變非常困難。帶入心的思維，以及心著力於尋找彼此的相同點而非差異處的努力，有可能可以打通一條建立聯繫、信任與合作的路。如果心和腦仍無法協調運作，你依舊與他人保持疏離，則該是時候問問自己：是什麼讓我卻步？讓我無法投入地認為「我們都是一分子」？什麼阻礙了我向外接觸，或是與其他人建立連結？

常見的觀點有：

應該沒有人願意和我有牽連。

沒有人符合我的標準。

我不信任其他人。

我認為人不可靠。

我不相信有任何人現在或未來可以滿足我的需要。

我認為其他人對我是威脅。

我相信世界是一個不安全的地方。

我不希望在情感上顯得脆弱。

與他人產生連結的感覺很可怕。

我太與眾不同了，沒辦法和人互動。

生性害羞讓我沒辦法與人親近。

我刻意疏遠或孤立自己。

我是一個孤獨的人；我就是這樣。

這些都是後天學習到的態度和信念。換言之，它們不是天生的，也不必然為真，值得重新被好好評估。我們很少停下腳步，重新檢視一直以來被諄諄教導的事物。好消息是：如果這些事物是後天習得的……它們可以被反轉。甚至可以嘗試先將它們撇到一邊。這讓我們可以運用與生俱來的心的力量——以及對建立連結的嚮往與能力。

信任

要說誰是信任女王，那肯定是艾蜜莉。她從不猜疑，她假設人們都是親切而善良的，從來就不認為大家會傷害彼此。令我驚訝的是，當你相信他人不會是個麻煩，他們通常也真的不會。艾蜜莉是對的。

但艾蜜莉也許有一點點過度熱情，她不只樂於和陌生人攀談，也總是大方地對每個人敞開我們家的大門，這不太是我的作風。艾蜜莉是如此容易信任人，學校因此特別安排了幫手從旁關注，因為她實在學不會別太相信別人這件事，這可能有時會讓她容易受到傷害。她獲得的評語是：缺乏判斷力。

我們確實需要在生活中抱持一種健康的懷疑態度，這是腦的另一項偉大天賦。我們應當適時提出質疑，明辨事實與個人意見，評估佐證的依據，正如腦所敦促的那樣。我們應該妥善運用我們的教育、常識和智慧。即使我們盡力對體驗生活、多方學習與建立連結持開放心態，我們仍不希望受騙、被影響或被操弄。

坦白說，艾蜜莉應該要試著採取一些些懷疑的態度和運用洞察力。當我們去雜貨店時，她總是往購物車裡塞滿色彩繽紛的盒子——她迷戀任何上頭有著比方蠟筆、彩虹或動畫角色人物朵拉（Dora）的東西——無論是否有列在這一趟的購物清單上，也不管是不是垃圾食物。對於著力銷售彩虹口味產品的商人來說，艾蜜莉是最佳客戶。

對於信任，其中仍有一條界線，那條線告訴我們要信任到什麼程度，以及要信任什麼，一個健康的懷疑論者能夠清楚地踐行這條線。而現在的我們和艾蜜莉剛好完全相反，我們無法信任他人。我們都是以腦為優先的懷疑論者，只是都少了「健康」的那部分。依心而行，你能夠相信你與他人的互動、你的人際關係、你所處的社群甚至整個宇宙，其實是相互包容、彼此歡迎、充滿愛和互惠的。這並不代表世界上所有人事物都值得你的信任，但如果你無法相信你與他人所建立的連結，你將無法從中獲益。不信任本身會對人際關係帶來問題。

願意信任不僅僅是一種甜蜜的舉動，還是我們讓生活充實完整所絕對必要的能力。幸運的是，我們所有人，甚至是以腦優先的人，都可以學會信任。（這是真的。在生死存亡的時刻，你會出於本能地信任。任何人跌入波濤洶湧的大海，都會不假思索地抓住伸出的那雙手。）明智地運用信任，在「嗨，進來吧，素未謀面的陌生人，不知道你為什麼會在我家」和「不信任任何人」之間找出合適的界線。信任不會造成傷害，使你受傷的是永遠不懂得信任他人或任何事物。

信任是一種基於心的能力。腦永遠不會說：「我相信你。」它最多說：「我想我相信你。」因為它無法確定。模稜兩可的態度不利於與人建立連結。心不會像腦一樣要求絕對的確定，心會打定主意：我相信你！

你可能會從經驗中，或者從某次有人在旁支持和陪伴你的經歷中學會信任。信任讓人體驗到打開心房的感受，曾經這麼做過的人，也會更容易再次信任。

另一方面，不容易信任的人們可能是因為曾經受過傷害，因此從痛苦的經驗中學到了要保持距離。那是腦在作用。這麼做可能並沒有錯，或許那個讓你失望或徹底心碎的人不應該被信任，但如果因此錯誤地認定，沒有人可被信任或應該被信任。那就走偏了。

信任連結了對某人的了解（腦）、他們過去的可信度（腦），以及相信這個人將來會陪伴在身邊的信念（心）。但是，沒有過往經驗佐證的信任也是可能發生的，並且對我們有益，因為，心會帶領我們。

意外的信任

回想一下你曾經意外發現有某個人原來可以信任的經驗。他也許是某個你原本並不放心的人。某個你原本不太認識的人。也許是你認識很久的某人為你擔起了某個挑戰，讓你想起了你們關係的立基點，而你原本將此視為理所當然。

當你出乎意外的感受到你對他人的信任時，那是純然出於心的體驗，不受腦的影響。去回憶這樣的例子可以幫助你再次回到心，確信這世界上確實有值得信任的人事物，也存在你的身邊。

慷慨

真正的慷慨是一種奉獻；基於自由和純粹的愛而給予。沒有任何附加條件。不帶期望。時間和愛是你可以分享的最寶貴的財產。——蘇西・歐曼（Suze Orman）

慷慨的表現是建立連結時的一種明顯而可親的形態。任何關係都是給與取，就心來說這是有機的，每個人都依據其能力而付出，並依據其需求而被給予，隨著時間的流逝以不同的方式變化。

腦會計算，這是它很棒的天賦之一，但並不適用於人際關係。在腦的盤算裡，我付出一個小時的時間，就會期待獲得一個小時的回報。如果我幫助你，那麼我也期待你會幫助我。如果你幫助我，我會覺得有所虧欠（腦可不喜歡這樣）。真正的慷慨對腦來說是不可能的。

如果你愛你的另一半，但持續計算著：誰付出比較多？誰得到了更多？誰贏了？嗯，你可能是在用腦。

心對數學沒有天賦，對算數沒興趣，也不喜歡一報還一報。心自在地慷慨付出。心深知，付出越多，得到的就越多。但這並不是因為你可以讓人欠你更多人情，而是因為心很清楚，付出是給自己的禮物，豐富了自身以及生活。

寬恕

「我對我弟弟真的很生氣！」這樣的發言在艾蜜莉身上並不罕見。是的，這裡指的正是她最喜歡的那個弟弟，他正在告訴她不要吃印度咖哩雞。

幾分鐘後，「泰迪，我原諒你啦。」

艾蜜莉不會對不開心的事耿耿於懷。她也不是就直接放下，如果她有不滿，她會讓你知道。她還擅長另一項心的能力：表達自己的想法，對於需要且可以修復之處進行修補。然後就繼續前進。這是為了你自己著想，與被你寬恕的人所受的影響無關（如果真有影響的話）。

寬恕是連結的重要組成。有時，你需要運用它來維護你與他人的連結。有時，是因為有了連結，你才能夠寬恕——因為你知道連結的基礎很穩固。心深知寬恕是一種付出，寬恕幫助我們前進。有時，「我原諒你」可能意味著說再見。而有時，就像艾蜜莉的情況一樣，「我原諒你」是再次開啟「嗨，我的朋友」的大門。

好事會變得更好

有次我們一家人在鄉村市集度過了愉快的時光。一回到車上，我們全都各做各的事。我的丈夫收聽新聞廣播，這當然讓車上所有人都知道了發生在世界各地的恐怖事件。我檢查著工作的電子郵件，兩個孩子則忙著查看社群媒體（Instagram、Snap、臉書），好確定他們在過去幾個小時中錯過了哪些新鮮事。

此時，艾蜜莉打開包包，拿出手機。她撥了一通電話，短暫的停頓後，開始講話。「嗨，雷。我是艾蜜莉。你好嗎？」停頓。「嗯哼，很好，真高興你去看電影了……沒事，我很好。我和家人去了市集。」停頓。「對啊，真的好好玩。我姊和我弟去玩水上遊戲，全身都濕透了！我都吃完棉花糖，還騎了旋轉木馬，他們還沒乾透呢！只有我沒弄濕。我爸參加了疊杯子比賽，為我贏了一隻熊寶寶……」

從市集走出的那一刻，我們全神貫注於自己的世界，投身於下一件事，只有艾蜜莉除外，她不急於做下一件事。她並沒有因為我們離開了市集，就結束我們的家庭冒險，她抓住了一天中的所有美好時光，重新回想並竭盡所能延長這段美好。

她透過與另一個人的連結來達成這些事。她正在回想與家人分享的種種，以及它所產生的幸福感，並將其傳播到周圍。她知道心的真理：連結使得美好的事情變得更好。此外，美好的事物會使人與人之間的連結更加甜美。

在那天的聆聽中，我覺得我想成為艾蜜莉——這不是我第一次，也不是最後一次這麼想。我想像她一樣，完全投入市集，充分享受樂趣。然後，當一切結束時，我想盡可能忘記「你得活在當下」這件事，停留在美好的回憶中，盡我所能地陶醉其中。如果這件事沒有簡單明顯的方法可以達成，那我想自己嘗試。像艾蜜莉一樣。

哦，我剛剛有說嗎？艾蜜莉是在對著玩具手機說話。她正在進行一場虛構的談話。對象是一個真正存在的朋友，艾蜜莉確實有一個名叫雷的好朋友，他們談話的次數很多，就像我曾經聽到的那種一方滔滔不絕的交談。不過這次不是。

艾蜜莉在做她經常做的事情：與人建立連結。其中一種方式是「打電話」跟朋友分享好消息，或看看他們在做什麼。有時候，她打電話是因為她沒事做或無聊。有時候，她打電話抱怨。今天，她打電話透過重述，來延續一段愉快的時光。無論何時何地，無論她打給誰，她都會發自內心，陶醉於社交以及與他人建立連結的樂趣，不管她找的人實際上有沒有在電話另一端。

這是艾蜜莉的習慣。她非常善於與朋友交談，而無須那位朋友真的參加對話。即使她們沒有實際碰到面，她也能感覺到真正的連結。對於艾蜜莉來說，沒有什麼比感覺到與另一個人的連結更重要了。她能夠深深的感受到這種連結，即使在其他人不在的情況下，也能透過想像樂在其中。

（毫無疑問，艾蜜莉下次遇到雷的時候，也會把這次的經過完完整整地告訴他。）

連結有助你面對困難

由於我是一名精神科醫師，很多患者和其他不是我孩子的人都曾問我：應對瘋狂生活的最佳方法是什麼？當人們提出這個問題的時候，他們想問的是全部，從關係、養育子女、工作、財務、健康、不確定性、到政治和世界狀況。無論這個月的大哉問是什麼，我的答案始終是相同的：要應對困難或挑戰，我想不出比與他人建立親近的關係更好的方法。

我們可以在親近的關係下接觸心。當情況快要糟透的時候，人際關係可以維持你的生活。與至少一個人建立連結是我們承受傷害、失落和損壞的最大支持力量，保持連結會使你更堅強。面對嚴峻的情況，人際關係讓你看到希望，並在混亂中指出明燈。他們讓你能夠去體驗和接受愛、尋求慰藉，並知道自已並不孤單。

在一段穩固的連結裡，有時你會接收到心的真理，但你不一定能從自己或與你關係沒那麼深的人那裡接收到。你也許可以從一個愛你的朋友、伴侶或家人那裡獲得其他管道無法獲得的東西。他們可能是唯一可以對你這麼說的人：沒問題的。你會安然度過這一切。這不會改變你是誰。不知道之後會如何也不要緊。我們愛你。

安瑪麗藉由閨密們的支持力量度過離婚的低潮。這也是為什麼當她由於各自忙碌，而與好友們失去聯繫時，她會深深感到失落的原因。她已經體會到堅強的連結在生命中所能帶來的強大力量。

當安瑪麗和丈夫離婚的時候，她的朋友們緩和了她的震驚和悲傷。事實證明，當她的朋友陪著她走過這一段過程，給予同理心和建議、幫忙轉移注意力和幽默以對、全然接納並且支持，甚至只是陪著靜默，這讓她們的關係變得更加牢固。她的人生遭遇大變動，而她的朋友們讓她的心得以安穩。當然，她們也提供了實際的幫助，包括介紹離婚律師和心理諮商師，偶爾幫忙帶帶孩子，邊喝葡萄酒邊一起研究離婚文件。

對安瑪麗來說，她的朋友就像氧氣一樣，是不可或缺的事物。離婚之前，她們也已經共度許多美好的共享時光，離婚之後，她發現這種連結的價值至關重要。能有個朋友在她需要的時候同仇敵愾，一同咒罵「我懂」或「真的超超超……超爛的」，又或者「去他的！」這終將使安瑪麗能夠安然度過離婚的不安，將自己準備好、也願意展開新的篇章。與朋友之間源自於心的彼此連結，給予了安瑪麗安定的力量。

> 可以在絕望或困惑、悲傷和喪親之痛中安靜陪伴我們，可以忍受不知情……不試著治癒你、不忙著給解方……這是關心你的朋友。——亨利・諾文（Henri Nouwen）

從他人身上學習

一如我們成長所身處的文化，腦認為我們必須靠自己艱辛學習。尤其是那些特別重要的教訓。你必須奮鬥、受苦並歷經個人苦難，才能有所學習和成長，還有許多類似這樣的故事。但是心知道，當你願意對其他人抱持開放的態度，你可以輕鬆地從他們身上學到一些最寶貴的課程。請試著與人建立聯繫、傾聽、敞開心胸，接受他人為你帶來的改變。

艾蜜莉出生時，我住在與現在全然不同的城鎮。那是個小型而競爭的社區，空氣中瀰漫著「重點在贏」的優越氛圍。老實說，這對我、我的職業、有著金頭腦的老公和我們聰慧的第一個孩子來說，好像沒什麼問題。但是面對艾蜜莉的情況，我突然覺得自己在這社區當中沒有容身之處。我感到孤立無援，沒有人可以跟我討論我所面臨的問題，這不只讓我感覺孤單，也使我無從學習我需要知道的知識。既然缺乏經驗之談，我甚至不知道我需要知道什麼。當然，我還是很努力地自學，但關於這方面知識的學習門檻如此高，我身邊可沒有高手幫忙和引路。

直到一位媽媽介紹我認識住在附近的另一位媽媽。一號媽媽在我們走上前去時，含混不清地低聲對我說，凱倫的女兒也有「問題」。

我毫不猶豫地直接上前，想認識我的新朋友。「嗨，凱倫。有人跟我說妳女兒有和我女兒一樣的問題。」

凱倫警戒地看著我。「我不認為妳孩子的問題有跟我的一樣嚴重。」

我告訴她：「我敢跟妳打賭。」我們旋即開始了一場瘋狂的猜謎遊戲，猜謎的內容則是社區對談或耳語中關於我的情況的各類揣測。

凱倫：我猜猜。嗯，有完美主義？或者，典型A型人？老師得常打電話給妳？

我：差得遠了。

凱倫：學習障礙？有注意力缺失症？

我：也不是。

凱倫：發育遲緩？

我開始燃起一絲希望。

我：有點像囉……。

凱倫：妳每週都得帶她去上好幾次的物理治療、語言治療、職能治療……。

現在跨入我熟悉的領域了。

我：是的！

凱倫：妳瘋狂地愛著她，同時被嚇得手腳發軟？

我：就是這樣。

就這樣，我找到了一個盟友、見證者、哭泣時可以倚靠的肩膀、引路人。找到這個朋友，一個了解這件事的人，改變了我的一切。當然，我並沒有因此很迅速或很輕易地，不用什麼都得以身試驗後才能學到教訓，但至少我可以開始避免這種痛苦。我與朋友的連結不僅給了我陪伴和同情，還提供了詳細的計畫、建議和轉介。直到今天，我仍無法告訴你哪個更有價值，是：「我懂」、「我支持妳」，還是「妳就去那兒、做這件事，記下來」。儘管我的丈夫一直非常支持我，我們的關係如此穩固，但他仍然不是那個曾經也在這個境況裡走過這一趟的母親。與某個曾經面臨我的處境的人建立連結，給予我安慰與啟發，也提供實際上的協助和方法。

這種連結與一般的友誼不太相同，可能需要反覆試誤才能找到適合你的那種形式。也許是一個支持小組。但也可能不是這樣的正式組織，甚至不見得是一個團體。你有可能遇到不是像我跟凱倫一樣處於相同情境，而是某個情況跟你沒那麼相似的人。也許不是認識新朋友，而是跟已經認識的人建立起新的關係，從某個你原本並不寄望的人那裡獲得全力支持。關鍵是，與某個你可以從他身上學到經驗的人建立連結。這個人願意分享——而且他的經驗是你已經準備好接受，也願意接受的。

我想和詹妮說話

面對我姊姊的死亡，我最想聯繫並且談談我的失落的對象是……我姊姊。剛開始那段時間，有時我真的按了快速鍵撥給詹妮，半秒後才想起來她根本不會接電話了。詹妮和我之間的關係並不總是風調雨順，但我知道發生大事時，我可以倚靠她。我也經常拿小事煩她。通常，我們倆討論的話題對其他人來說可能毫無意義，又或者羞於啟齒。詹妮關心我的每件小事，一如我關心她那般，少了她的分享，彷彿讓我的生活出現了缺口，就只是過日子而已。我失去了與她的聯繫，並且為了不再能夠和她叨絮日常瑣事而悲傷。

這是腦無力填補的空白，身為腦的慣用者，我對此束手無策。我（勉強）讓自己打起精神，但卻無法真正地感受悲傷。我知道我得試著將腦移開，去觸及我的心和面對它所要求的坦誠，但我從沒能自己有意識地做到這一點。但心很聰明地悄悄滑開，另闢蹊徑，讓我更容易地追尋它。

心揭開了我實際上悲慟至極的情感，我開始不停地哭泣。在車上哭。在超市裡哭。站在廚房也哭。在其中某個片段，栩栩如生的詹妮突然閃現在我腦海中。我的心瞬間明白該怎麼做：就像我從艾蜜莉身上學到的「假裝打電話給一位好朋友」那樣，我開始和詹妮對話。彷彿只是接續了上次我們沒能聊完的話題，我提出詢問：我該拿我這些止不住的淚水怎麼辦才好？我問自己。也問詹妮。

不管問的是誰，我的心立刻知道詹妮會回什麼：多準備一點面紙。

當然啦，詹妮的建議肯定沒錯。這個問題有務實面得去考量，我姊姊向來是點出這些重點的人。我也知道在她的快問快答後頭通常有著更深一層的真理：我想哭多久就多久，不想哭的時候，自然就會停止。我為什麼得停止哭泣？用掉所有的面紙吧，想要再來幾包都行。

在這一刻，我感受到另一個同樣真切、甚至更重要的訊息：我和詹妮之間仍然存有聯繫。

可以肯定的是，我們之間的聯繫已經不同了。但由於令我如此傷痛的種種原因，詹妮成為我生命的一部分。即便我為失去她而哀悼，我仍然可以保持與她的聯繫。即使我的人生面對如此巨大的失落，透過心，我與她之間的互動幫助我應對失去她的痛苦，以及找出適應的方式，不只是能夠面對，同時重新回到生活常軌。

一如往常，我與詹妮的聯繫幫助我度過最艱難的時刻。同時也共享生命中的美好事物，日常的瑣碎小事。只要我向心探尋，就能感受到她。

該斷則斷

並非每一段關係都永遠美好，你需要謹慎地關注你與他人所建立的關聯。一如前面所討論的，關係的質很重要，還有一些你會需要避免或加以調整的小問題。一段關係是讓你安心或令你沮喪，其間的區別通常來自於這段關係是立基於心，還是立基於腦。依心而行，你將能夠建立最安適的關係，明辨出哪些是你所需要或者應該要修復的聯繫（以及如何做），心協助你避開不好的互動關係，甚至在必要時，斷開那些把你拖入泥淖的聯繫。以下是你需要注意的事項。

- **情感具有感染力**

研究成果已經提供了感覺和情感很容易在人際之間傳播的證明。關係越近，感染力越強。我們會為朋友和家人所遭遇的情況一同歡喜，或同感傷痛。根據我的經驗，負面情緒會比正面情緒更容易相互影響。（從臨床案例來看，他人的好運通常會引發羨慕或嫉妒，儘管你可能在堂哥的訂婚派對上對每個人都笑得很嗨。）壓力則具有極強的感染力，因為不論你是分享者或是接收端，假使夠坦誠以對，當與他人「分享」這份感受時，實際上都是再一次地體驗了對方的深層自我。

- **源出於控制的關係**

腦常會在我們不注意時，傾向於將我們與他人建立起的關係轉變為一種控制，而非溝通。如果你和他人的互動常出現比方：打斷對方、頤指氣使、自說自話、好辯、居高臨下、滔滔不絕、語帶責難，或老想強調你是對的而對方是錯的，這樣的關係是源出於腦的控制，而非真正的互動交往，良好的人際關係需要的是心。

當我們討論人際關係這個主題，源出於心的人際互動，會表現出像是傾聽、尋找共同點、彼此吸引、分享情感和生活、相互接納，即使不說話也能安心。心自會引領我們溝通。源出於心的互動是雙向的。

我有個用來提醒自己究竟想建立何種聯繫的小技巧。你會很驚訝地發現，這最常用在我和孩子們互動的時刻。我會提醒自己：我不能在直接指出對方錯誤的同時，又想要建立良好的互動。

- **試圖討好**

這一項看起來和其他出於控制形式的關係似乎相反，但它同樣阻卻了真正的聯繫。

我們大多數人會感到內心出現矛盾：我是該做我自己，還是要討好你？關懷甚至優先考慮他人的喜好或需要或想要的事物，並且盡力滿足對方，這麼做並沒有錯。但是，當這麼做帶來一次又一次「我該做我自己，還是別管我自己的想法，只要能讓你開心」的提問時，顯示你已經悖離了自己的心和真正有意義的聯繫。

艾蜜莉的心很清楚：我可以做我自己，同時也能讓對方開心。我可以就是我自己的樣子，這並不會損害我們之間的關係。她不會為了能迎合他人，而刻意隱藏自我或她的想法、感覺或需要。她認為與人之間建立聯繫，包括了對彼此這些事物的接納和尊重。艾蜜莉不會委曲求全地好讓自己能維持所謂輕鬆、好相處的「關係」。她會說不、會尋求幫助，當朋友們讓她感覺受傷時，她也會坦率地說出來。她的真誠也正是艾蜜莉的魅力，讓人們喜愛在她身邊。

這並不代表你可以隨意口出惡言。你不能用做自己當理由，或者將純屬你個人的「問題」做為無理地對人不友善的藉口。深陷於自身的掙扎深淵裡，我曾經對朋友說出「我實在不喜歡你送我的禮物」，而我真的想不出來我說這樣傷人的話的理由。另一方面，有時有些必要的溝通必然是（或感覺起來是）令人受傷的。一位想和男友分手但因為害怕傷了對方而遲遲未能開口的年輕女子，直到後來才明白，這樣勉強維持關係違背了她自己的真心。對她男友也不公平，他值得和一位全心投入這段關係的人在一起。

• 想像的敵人

艾蜜莉會與現實生活中的朋友進行想像的對話。而我們大多數人則是會和敵人進行虛構的對話。對象可能是真實存在的人物，也可能是我們想像出來的——我們總是針對那些實際上真的故意擋路的人……或者其實沒礙著自己，但我們認為他們有意搞鬼的人。在許多情況下，這些預想的對話聽起來如同我們現實生活的經歷，但有時則根本與實際大相逕庭。

不斷預想自己與敵對那方之間的對話，這是最常出現在我的患者們身上的症狀。這些對話通常導向與我們有著某種關聯的人們。他們會重新審視痛楚、不斷重述某個已然發生的錯誤或傷害、演練可能的復仇、早知道該落下的狠話、試圖扯平。最受歡迎的句子是：「我應該要跟他說……」，一遍又一遍地重演這些痛苦的情境，想得到最完美的答案。

以這種方式沉溺於過去的事件是很自然的。這是腦試圖透過重述版本，將故事更新為你將是更強大的那一方，好減輕你所感受的傷害和無助。當他指著我說我那樣想很蠢時，我應該當面叫他停止貶損我，而不是像個白痴一樣站在那兒……

即便我們只是在想像中試圖扭轉失敗，這都是令人痛苦的過程，而讓這樣的關係持續存在，也只會讓我們不斷徘徊在過往的經歷、讓人不愉快的往來。長遠來看，這將榨乾我們的能量，給快氣炸的腦增添更多痛楚。這麼做只會使我們更生氣，而無法幫助我們應對自己的真實感受或適應情況。這是個惡性循環，沉溺於不斷在想像中去責難、攻擊和批評虛構的敵人，腦最終將完全癱瘓。過度思考只會導致更多的思考，並因之維持了實際上對我們毫無益處的關係。

‧緊張的人際關係

我們已經了解在跌宕起伏的生活中，你能與他人保持關聯，而這樣的關係在你經歷高峰或低潮時顯得更有價值。我想強調的是，你與他人間的聯繫或有起落，學會應對這些起伏將能讓你自這些關係中獲得關鍵益處。

一段關係不會永遠都好或壞。僅僅因為關係出現問題，並不意味著就要一刀兩斷。我們也不需要刻意維持一段令人掙扎或若有似無的關係。你必須透過心，來明白地做出決定。（除非你打算成為隱士或獨裁者，那你可能只需要腦。）你可能會嘗試恢復平衡，就像威廉在發現他兒子販毒後那樣。他與兒子之間有了裂痕，面對眼前的各種狀況，威廉的首要之務是想清楚該如何補救這段關係。另一段人際關係也出現了不那麼明顯，但也是個問題的壓力：威廉好友的兒子是他兒子販毒的對象。

面對源自於失望到嚴重背叛的人際關係問題時，我的大部分患者都面臨類似的困境。伴侶出軌後該怎麼辦？如何面對自從你被診斷出癌症後似乎就不再來訪的朋友？當朋友再次提出喝杯咖啡的邀請該如何是好？一起慢跑的好夥伴開始幫你不贊成的政黨工作，這該怎麼應對？

腦會毫不費力地進行成本效益分析，斷然採取「最安全」的決定，或者堅持「照我的做，要不就滾」。心則會根據你的價值觀（我如何定義朋友）以及你對安全感和歸屬的渴望，引領你做出決定。

- **絕對不要改變**

腦對於人際關係還有另一個偏見，立基於腦對於維持現況的執著。一旦與人建立關係，就死抓著不放！腦喜歡這樣——好避免應對改變。

然而，再牢固而長期的關係都勢必有所變化，因為人會改變。將時間拉長來看，任何事情都會發生變化，與此同時，關係的本身也可能會保持牢固，比方健康的婚姻或親密的童年好友。諸如此類的持久連結立基於心，讓彼此能夠相互關懷、接納並支持個人的成長和變化。

腦對於永不改變的偏執讓它看不見上述變化的價值，並且固執地捍衛已然建立的現況。心知道：改變會發生，有些可能令人害怕，但並不像腦所認為的那樣；而有時候，我們必須放下這段關係。

面對一段關係的結束是最艱難的人生課題。沒有心，我們幾乎不可能辦到。心賦予你接受改變的能力，包括終止一段不再能支持你成長的關係。它讓你能夠明辨放手的時機。

失戀分手是最常見的一段關係的結束，但我們會在生活中遭遇各個方面的關係變化。可能是不再和某個朋友聯繫、辭職、離開某個小圈圈或單純只是退出某個臉書社群。

角色扮演

好好觀察一下人際關係在你的生活中扮演何種角色，以及你傾向在人際關係中扮演什麼角色。當心和腦不協調時，你可能會被卡在你根本不想扮演的角色當中，除非對此有所認知，否則情況不會有任何改變。

想想你是否一直陷入類似的關係，依循某種相同的模式？

常見的是：被不快樂、自我耽溺和／或消極的人所吸引。這情況一直發生在你身上嗎？你是不是特別喜愛提供幫助、聆聽、給予諮詢，或者是顯得比他人優越？甚至有點過度急切？

你總是想知道你是否因為這段關係而沮喪，又或者一再靠近對你不太友善的人？一直試圖取悅某個不喜歡你的人？

有時我們會囿於習慣或因為無意識地認為自己「需要」，而非有意識地知道具體的目的，而一再重複相同的行為模式。試著在每一次行動時，釐清自己的意圖！問問自己你打算做什麼。然後注意你實際上的行為。如果二者存有落差，你必須能明辨差異才能著手改變。

分手好難

一段關係的結束會帶來失落，而失落總是痛苦的。當這樣的結束是出於某種背叛而對對方失去信任時，例如：有所隱瞞、被欺騙、受拳頭相向或其他形式的暴力，這可能更令人難受，苦不堪言。失落加上遭受背叛，這種組合常導致怨恨。震驚和憤怒是人類對此情況的自然反應，我們不應該否定或拒絕認知這些情緒。心知道，有這些感覺是沒問題的，你可以怨恨和想要報復。但跟著感覺走而去傷害他人或自己，並不會帶來好處。任由怨恨盤旋不去，也不是件好事，無法停止的怨恨表示你的腦還沒準備好結束這段關係。你所怨恨的人不再是你的親密愛人，但他們在你的腦中仍然以過往的形象存在。真正的結束需要時間，但源出於心的自然發展是，讓自己去認知那些讓你不開心的感覺，這將逐漸讓你往前走，開始能關注其他事物。

法語用「我好恨」（j'ai la haine）來表達情緒。和英語的慣用法有些差異，在英語中，通常會假定這股恨意是針對某人、某事或某種情況。心會傾向法語用法，因為心希望你專注於體認你的感受，例如「我覺得怨恨」，而非執著於自身之外或你無法控制的外在因素。很多時候，帶著怨恨的患者會進入腦運作的模式，鉅細靡遺地描繪另一個人做了些什麼。但她所描繪的那個人並不在場接受我的治療，她自己才是我的患者啊！當我們開始認知並探索她內心所感受到的失落、受傷或憤怒，才真正踏入復原的過程。心允許你去感受怨恨，因為心可以承受所有情緒，但它會在其中劃清界限，讓怨恨的感受僅止於存在。恨意或許能帶給你短暫的動力，但當你長期處於憤恨狀態時，那永無止盡的情緒燃燒只會帶來深沉的疲憊和空虛。

即使沒有怨恨，當面對失去，腦可能認為受到背叛或害怕錯在自己，而汲汲於主張正義，堅持自己才是對的、比較好的那一方，自己才是唯一的受害者，更別提得面對獨自一人的恐懼。腦會把這一切都怪罪到另一個人身上。這並不奇怪。我們的療方是減少你對於另外那個人做了啥和犯了啥錯的辯證，而更聚焦在自己和自己的感受。

依心而行，讓人停滯在當下的激憤和仇恨將會讓步，你將能夠真正感受自己內心的悲傷，甚至能夠關注另一個人的感受。當你進入心中，透過逐步體認自己所受的傷、被背叛的痛苦、對於期待落空的失落感，你能夠擺脫怨恨，並得到益處：面對失落的能力，與真正的自我相連的力量，無論自身之外的他人如何，你能照護並關愛自己。心會讓你看到關鍵點，面對失落，你具有韌性並且將會復原。

當一段關係已確定劃下句點，心會超越憤怒和仇恨。它將仇恨轉化為痛苦，將痛苦轉化為悲傷，將悲傷轉化為接受。那些讓你討厭的事件或人不再能掀起波瀾。恨的反面不是愛，而是理解。

心知道結束一段關係的悲傷是真實的，但是顧好自己的未來也很重要。有時，這樣做意味著必須停止與另一個人的往來。而你的心很清楚，即便如此，你能夠依舊關心那個人，同時，照顧好自己。

孤獨

與人相連有著雙向的作用力。研究顯示，良好的人際關係可以帶來健康和幸福感，同樣充分的證據指出，缺乏人際互動（和／或不良的人際關係）會帶來反作用。孤獨意指無論你是否實際上身處人群當中的孤立感，這對於心理和生理都有害。實際上，研究指出，孤獨感對於壽命的負面影響相當於每天抽十五根香菸！孤獨感提增了罹患心臟病、中風、阿茲海默症、免疫系統疾病、超重以及濫用藥物或酗酒的風險。

長期與社會隔離會嚴重損害精神健康，增加患憂鬱症、創傷後應激障礙和其他疾病的風險。改變人們的行為，並促成了具侵略性的、退縮或過激反應、恐懼和焦慮。感到孤獨的人常感受被孤立、誤解和沮喪。

當然，這對孤獨的人來說不太妙，但對整個國家而言也是個壞消息。我所依據的是針對美國人的研究結果，但我猜世界上大部分地方都有此現象，在一項研究中，有五分之一的人稱自己感到孤獨。其他研究的數據只有更往上增加，比方有另一項研究發現一半以上的美國人感到孤獨。（對孤獨的定義有些廣泛，包括缺乏同伴關係、沒有特別有意義的關係、感到孤單、覺得沒有人真正了解你並且被排斥。）還有一項研究這樣描述孤獨所禍及的層面：大約四千三百萬名四十五歲以上的美國人感到長期孤獨。那還不是最嚴重的孤獨群體呢！根據另一項研究，最孤獨的一群是處於十八歲至二十七歲的年輕人。在這個社交媒體時代，我們反而比一九八〇年代還要加倍的孤獨。

我認為這是出於我們過度依賴腦，以及所身處的快速、競爭、成就導向、恐懼失敗、必須證明自己的養成文化。許多人將孤獨歸咎於工作。也有很多人認為是因為他們缺乏與朋友和家人相處的「優質時間」。（他們也將此歸責於……忙碌的工作。）人們最期待的是在獨處（但不是孤單）時間和與他人交流的時間之間找到最佳平衡。心著重這個面向。

艾蜜莉也是如此。她建立起自己的平衡點，她喜歡每到一處就試著與人建立聯繫，同時每天都會關注與自己最親密的人際往來。她有著一長串變化萬千的活動和計畫參與清單，幾乎每一項都在以某種方式促進與人們的交流。合作一齣舞台劇、試著與游泳教練建立起信任感好讓他願意讓艾蜜莉學游泳、提供身旁的同學們幫助，從遞上面紙、安撫情緒到幫忙拼圖。（艾蜜莉無法解題時，她也可以幫忙緩解與解題有關的挫敗感。）而每週行事曆上有一個不變的項目，即使艾蜜莉處於忙碌和累人的尖峰都絕對不會錯過：她的週五夜「青少年時間」。艾蜜莉會投入遠勝於其他事情的時間和精力來和她的朋友們相處。

如果我可以給我的患者們開一張「請每天或至少每週服用一名好朋友的陪伴」的處方，而且補充藥劑就像給抗憂鬱藥一樣容易的話，我想我的工作時間將會大幅減少許多。儘管不至於因此失業，但就算會，我也樂於冒這個險。

第八章

愛：真正的超能力

這一點根本是顯而易見，對吧？我才不會寫一本有談論感性內心的書，卻不設定其中一章著墨於愛！所有感性內心具備的能力及渴望中，任何人都猜得出來愛是其中一項。愛不僅是感性內心具備的能力，因為它幫助你盡己所能地愛別人、被他人所愛、接受愛意並獲得愛的感覺，愛也是感性內心的強烈嚮往。而且，愛不僅僅是最顯著的渴望，更是最強烈的代表，部分原因來自愛支撐感性內心許多其他能力與憧憬的方式。沒有愛，人際關係與目標、奇蹟與喜悅，以及活出自己的真理……都將隨之而逝。但是我們渴望愛的程度如此強烈，也源於我們體驗的愛本身就是如此濃烈，而且高度相通。愛的體驗放諸四海皆準，愛的渴望亦然。

只不過，不盡然如此。

我的患者多半不習慣開口談愛，尤其是在治療期間。有關人際關係的討論不計其數，像是渴求、失去、修復並維繫各種關係。讓我們檢視一下，所謂討論會涉及信任、歉疚、悲傷、兩性、家庭、失去、失望、擔憂、承諾、欺瞞、動機、忠誠、自尊、犧牲以及統稱為「自我厭惡」的類別；還有許多討論會深究養兒育女的議題、照護年老力衰或纏綿病榻的父母親、對他人應負的責任歸屬與承擔，還有追尋自主人生道路的甘苦談。這些議題幾乎未曾被歸類為愛的議題，但是對我來說，它們也屬於愛的範疇；我還相信，就建立愛的聯繫而言，完全解決前述問題是至關重要的事。

何謂愛？愛就是艾蜜莉，艾蜜莉就是愛

艾蜜莉也不會開口談愛。她只是一直把愛掛在嘴邊，但無法暢所欲言，連邊都沾不上。不過她也不需要這麼做就是了，因為她本來就是生活在一個充滿關愛的環境，呼吸愛的空氣。艾蜜莉多數時候都被滿滿的愛意包圍，她的生活方式堪稱良好家庭的最佳典範，家人之間關係緊密、相親相愛，但是對她而言，愛的意義遠不止於此；對我們來說，要是情緒對了，感覺也是如此。愛是一種心態、一套思考模式、一種生活方式，而且絕對不僅限於家庭、伴侶或朋友。艾蜜莉向來都是泰然自若地表露無遺；她既樂於愛人，也樂於被愛，而且從未懷疑。她散發著愛的能量，對於自己擁有源源不絕的愛具備全然的信心，所到之處都將愛人本性與灌注於她的愛發揮得淋漓盡致。尤有甚者，艾蜜莉從不質疑自己是否夠好、夠值得被愛，她發自內心知道，自己受之無愧。

直到現在，艾蜜莉從未談過戀愛，我也不知道未來她會否墜入愛河。儘管她毫無這方面愛的體驗，其間的欣喜、沉浸、坦率和脆弱經驗全都體現在艾蜜莉付與旁人的愛意裡。感受到與某人相依相屬，還想成為對方人生一部分的強烈冀望，儘管身為人母的我，一想到自己的女兒將會錯失體驗這種愛的權利，難免痛心疾首，但實際上我知道，她的生活中洋溢著滿滿的愛。

屬於理性大腦至上一派的我們可能得花點功夫，才能學得來艾蜜莉那種與愛為伍的生活方式，而且到頭來我們可能還是得勇敢向前邁出一大步。我一路看著艾蜜莉才知道，這一切永遠都值得。

全心全意去愛，其餘就交付命運。這是她遵循的一道簡單守則。——弗拉基米爾・納博科夫（VLADIMIR NABOKOV），《說吧，記憶》（*SPEAK, MEMORY*）

這七個字眼足夠代表愛嗎？

首先，讓我們聊聊，每當我談起愛時，理性大腦是如何理解這個字眼。古希臘人認為，調情、友誼、性欲、長期伴侶關係，甚至普世和精神層面的愛等七個字眼，足以涵蓋愛的一切。說實話，這七個詞彙不太能讓我買單。經驗告訴我們，浪漫愛情並不等同於強烈的友誼聯繫或與寵物的牽絆，但後兩者也一樣是愛，它們既相似又相異。我不斷思索，對伴侶的浪漫之愛、對長期夥伴的愛、對兒女的愛、對父母的愛、對其他家庭的愛，以及對我們自身的愛，即使我們清楚明白地將它們視為愛，但每一種的感受都截然不同。

愛不僅限於人與人之間，好比我們也愛自己的寵物，或者也愛我們的社區；我們可能愛自己的工作（這是真的！）無論何時，只要我們湧現滿腔熱血、感受天命召喚，或是在少了某項元素的情況下就不願做某件事……這些都是愛的表現。愛並非總是清晰可見。我們可以愛一項目標、大自然或人類，或是喜愛屬於某一樁大事的感受或深愛凝視夜空，欣賞浩瀚無邊的宇宙。無論對象是個人或萬物，內心的感受毫無二致，因為愛就是愛。許多人認為愛是一種情感，但是就愛甚至情感的心理體驗而言，我不同意這種說法。無論如何都不是我所談論的那種愛，也不是艾蜜莉那種全心付出的愛。

情感具有無常的特點，而且來來去去。但愛不是，愛會守在原地。愛也許並非永垂不朽，或者經得起各種情境轉變的考驗，但絕不是一股轉瞬即逝的感覺或情緒，甚至也不只是一道階段；有些愛比其他愛永恆不滅：父母對兒女的愛鮮少動搖，這一點再真實不過。高中時代的愛戀有可能真誠無偽，但鮮少長長久久，這樣比喻好了，通常它會比準備舞會的時間長一些些。

愛可能是一種情感，你可以從中感受到和憤怒或羞辱等情緒相當的短暫感覺。任何一種情感都可能化為長期，但你終究不會一直置身這種狀態中，即使你很習慣這類情緒動輒就會反覆出現；甚至，這類時有時無的愛意體驗無法單單被視為某一種感覺而已。你知道的，欣喜若狂這句成語就是老掉牙的說法。你可能會感受到想望、欲念、渴求、悲傷與許多其他的不同感受；確實，你可能會感受到激情，但也可能是舒適愜意、輕鬆自在。

全心付出的愛是一種存在狀態。

愛在聖艾格妮絲

我已經說過了在聖艾格妮絲（St. Agnes's）醫院上演的故事，也就是我在艾蜜莉出生第一時間便愛上她，隨後愛意卻被壞消息澆熄，她的創傷診斷還將我推入恐懼深淵。當晚，我待在地下室和艾蜜莉獨處，感到身心俱疲，一扇心靈之門卻悄悄地永久為我開啟。我的思緒仍會一再繞回理性大腦胡思亂想，特別是為了艾蜜莉以及我這位母親的未來命運憂心忡忡。不過我還是一再嘗試重新進入自己的內心，那裡有我對艾蜜莉刻骨銘心的愛，任何事物都無法撼動。

因為焦慮並未在當晚就人間蒸發，有好長一段時間，醫生對我說的可怕字眼陰魂不散地在腦中盤旋不去：艾蜜莉有腦傷，艾蜜莉有腦傷，艾蜜莉有腦傷。我花了很長一段時間，才聽得進這些話背後隱藏的事實和充滿希望的訊息。我還得先學會好多關於愛的知識，然後才聽得懂完整的事實。最終，我對艾蜜莉的愛讓感性內心的語言取代醫師的診斷：艾蜜莉好得很。

不過，直到天際見白、直到這句警語得到印證，這六個字始終折磨我。看到其他「正常」的媽媽帶著她們「正常」的寶寶會讓我大崩潰，卻又無法移開視線。即使只是瞥見孩童在操場上、和父母出門辦事，又或者是在上學途中大聲說笑，對我來說都是噩夢。有時候我覺得那份對艾蜜莉的愛充滿痛苦，我一直渾然不覺，那份疼痛源於我付出的愛缺乏信任；我也一直視而不見，這個世界其實處處是愛，足以擁抱所有在操場上嬉戲的孩童，以及我那個不曾也無法奔跑其上的女兒。

多年來，我全心全意投入這場改善艾蜜莉病情的行動，我的——這樣說好了，一切徒然無功——那六個字依舊沒變。醫生的話在我腦中像是無限自主循環的迴圈，怎麼努力都無法成功將它們阻隔在外：艾蜜莉有腦傷。艾蜜莉有腦傷。艾蜜莉有腦傷。這六個字就像又長又尖的刺針反覆螫扎在所有表層想法上，我的渾身上下無一處不刺痛難忍。

直到有一天，這六個字終於傳達給我一個全新訊息。一路以來，我不斷苦苦探求解方，處理心愛的艾蜜莉所面臨的「問題」，這道過程引領我見識一套新穎的醫療做法，即是集結許多不同領域的專業人士，在某一家診所特為發展障礙者提供全面醫療服務。種種原因讓我在第一次赴診前便已堆積有如山高的焦慮，但無論如何，我奮力掙脫它們，帶著三歲的艾蜜莉走進這棟陌生的建築。他們幫得了她嗎？幫得了我嗎？

對於這一天，我先是焦慮，要是他們幫不上忙的話該怎麼辦？接著就是我得讓艾蜜莉單獨留在那裡一小時左右，好讓專家們完成評估。她和我都不習慣這種情境，但是當那一刻到來，我也就乖乖地強迫自己走出門外，獨自迎向陽光。

就在當下一個人的時候我突然明白，艾蜜莉有腦傷。艾蜜莉她……好得很，我全心全意愛她。

長久以來，這麼一道念頭長存心中，安置於無可動搖的事實之下，但是突然之間我豁然開朗了，上述三件事再真實不過。艾蜜莉有腦傷：沒錯；艾蜜莉好得很：也沒錯；我全心全意愛她：千真萬確！理性大腦一直像是井底之蛙一般看待一切，因此只見艾蜜莉受損的部分；感性內心卻觀照八方，把全景盡收眼底，讓我既看得見真相，也能懷抱希望。艾蜜莉有腦傷，但艾蜜莉好得很，而且我全心全意愛她。

艾蜜莉不是只有理性大腦，艾蜜莉本人完好無缺。她不折不扣就是艾蜜莉。真實的艾蜜莉純然漂亮、甜美又活力四射，而且十足堅韌又總是一副全力以付的模樣。她勇於付出也坦然被愛。

儘管我很早就發現自己強烈愛她，卻不夠愛自己，指的是讓自己理解，我就是艾蜜莉的好媽媽。但是一道更大的障礙是，因為我被狹隘的理性大腦／恐懼困住了，沒完沒了地擔憂艾蜜莉，因此視而不見這個環繞著艾蜜莉的世界裡處處有愛。這個世界不只是有我和她的家人，外頭多的是隨時準備對艾蜜莉伸出雙手全力支持的人士，唯有我願意相信才能看得清楚。天下父母皆知，外頭世界危險四伏，而且家有特殊兒的父母更是一清二楚，不過，這一天是生平第一次，我走出醫院時，所見所感不再是危險。

在聖艾格妮絲醫院那一天，我終於把一切都看清楚了。我帶著滿腔的惶恐不安走進醫院，但不僅拜會單單一位愛心噴發的醫生，或是打包票某種新療法足以寄予厚望的醫生，而是一整屋子等著協助艾蜜莉這類病患的專業人士。他們願意幫助艾蜜莉、幫助我。他們不僅具備專業知識和技能，每個人更是立即帶著視同己出的方式接納艾蜜莉。要是以前我曾親眼目睹這一幕的話，當下也不會一整個目瞪口呆，畢竟長久以來我就是生活在一間只有艾蜜莉加益智玩具的房裡。你得花點時間才能學會，不需要置理性大腦於不顧才能獲取內心反饋的好處。我是最後等到這一層認知出現才終於順利轉換心態。我心知肚明，自己需要理性大腦以及它所具備的一切鑑別力，但我不知道的是，自己也同樣強烈需要內心提供我希望，以及那一股可以完全感受希望的強大力量。

然後在聖艾格妮絲醫院這一天，我終於能看清楚艾蜜莉影響了這麼多人。當然，以前我在其他地方也曾見過這幕光景，我只是難以置信這一切都是真的。不過，既然現在這裡匯集這麼多愛，並以接納、熱切和奉獻的形式展現出來，而且感性內心還提供我短暫離開艾蜜莉的勇氣，加上我又意識到自己感覺……沒錯，我可以清楚看到、完全明白，而且真心相信了。艾蜜莉愛人人，所以人人也愛她；艾蜜莉具有為他人付出的天賦，無論她的智力多麼受限，她都願意奉獻。突然之間我頓悟了，這個世界比我所想像的更慷慨付出、細膩入微和多元包容，它提供充足的場域和空間讓艾蜜莉得以成長茁壯，而且到處都有人士願意照料她、關心她。她一定會好得很，她已經好得很，因此，我也好得很。

平凡的愛

愛並不總是短暫劃過天際的閃電。關於愛的常見誤解是，愛是專門留給我們生活中一些特別時刻和重大事件的難得體驗，所以愛是稀世珍寶……簡直是胡說八道。如果我們信以為真，包準會錯過在小日子裡以各種豐富而美妙的方式表達愛、體驗愛。愛是處處點滴，例如為某人準備一頓最愛吃的飯菜、熬夜促膝長談、樂於正色敢言、傾聽，以及為他人分攤痛苦的重擔。憂傷亦是愛。這種型態當然不是生活中最精彩的部分，卻是生活的重中之重。愛所不及之處，憂傷亦無影無蹤。同時，愛是為他人感受幸福。看著一位母親懷抱襁褓中的嬰兒，伸手輕撫他的後背；或是一對好友齊聲捧腹大笑，甚或是一個人回到家，對著熱情歡迎他回家的毛小孩莫名傻笑。更難體會卻是實實在在的層次是，平凡的愛是一個人讓自己擺脫不必要的罪惡感，或者放手那些瑣碎小事化成的滿腹苦水，把自己顧好。愛無處不在、無時不在，這就是愛大部分的本質。

愛的展現形式千變萬化。愛自己、愛他人、接受他人的愛。各形各色的愛當中，有許多類型與內心的其他能力、憧憬互相重疊，正如我所說，愛是一切的基石，會依情況展現應有的姿態，可以是自信、憂愁或悲傷、忍耐、希望、參與、存在、冷靜、動機、興趣及關注等不一而足。

我們擴大解釋愛，用以指涉萬事萬物，但它們都有一個共同點：源自感性內心。我們將在本章談論愛的許多面向，但我格外想聚焦愛自己，這是基本的愛，也是感性內心的核心能力。如果你不先愛自己，想要完整接納別人的愛或付出愛也只是緣木求魚。

尋找愛

有一名病患法蒂瑪曾描述一道必要但嚇人的全新診斷方法，其間她留意到，醫事人員在這段醫學檢測中如何小心翼翼地調整她的身體。即使置身最難熬的時刻也能看到愛，這真是太棒了。這是醫事人員輕柔處理工作流程所賦予的禮物，但法蒂瑪不僅是接納那份照顧，也認同蘊含其中的關愛，於是回送自己一份禮物。她將這個時刻銘記在心，我則喜見她踏上這趟嶄新而困難的醫療旅程時，還能敞開心胸感受愛。

這是你可以自行操演以便提升內心體驗的練習：定下目標，即一旦看見愛便要察覺愛，尤其是天外飛來一筆的愛。

愛無所懼

愛可以化作萬事萬物，無論是大是小、狂熱或平凡，但有一樣事物絕不是愛：恐懼。恐懼是理性大腦的產物，愛卻是出自內心。理性大腦看待世界的眼光狹隘又匱乏，它們正是包裹恐懼的外衣。理性大腦看待愛也如出一轍，甚至包括所有愛與安全感的符號，好比認可、認知、關注和實體禮物。我們要得更多、永不滿足，但滿足根本不存在。這是理性大腦試圖保護我們的另一種形式，即警告我們有些事物正消失，或是可能消失，或是即將消失。理性大腦採用的策略是將精準聚焦我們有所不足之處，以便能隨時制宜。

實際上，這種做法在絕大多數情況下，意味著我們困在匱乏模式中。

理性大腦型塑出這麼一道基準信念：愛代表稀有、罕見、特殊……而且危險。你會害怕失去，即愛從身邊悄然溜過；要是你就算沒有失去，也得承擔受傷的恐懼。

倘若我只能提供你一道深入內心而非單單倚賴理性大腦的理由，答案便呼之欲出。愛讓你毫無所懼。你可能還是會經歷恐懼，但愛會護著你免受最壞情況影響，勇渡難關直達彼岸。因此我說，愛才是真正的超能力。

你的感性內心試圖將愛視為醫治恐懼的解藥，雖然無法真正消除恐懼，卻能把它掃到海角天涯，讓出平坦大道供其他事物暢行無阻。感性內心無法消滅恐懼，卻能讓我們擺脫恐懼。救生員撲身投入險海，幫助垂死掙扎的泳者，並不是因為他們毫無所懼，而是因為強烈心意要他們奮力前泳。但是，單單只靠理性大腦的話，肯定只會站在沙灘上計算被惡浪捲走的風險，然後盤算著，還是不要下海得好。

感性內心驅動你超越恐懼的另一種方式是，使你專注渴望愛、有能力愛，而非一心渴望被愛。前者始終操之你手，但你無法控制誰愛你。匱乏感強烈的理性大腦聚焦自己想要被愛的渴求；富足感強烈的感性內心則會專注付出愛。它調和蘊含在你體內愛的含量，感性內心透過這種方式引領你超越恐懼，最後也可能會滿足你渴望被愛的需求。

當你付出愛、當你明白自己擁有滿腔的愛想要付出，也就是一頭熱的事實，被匱乏感盤據的理性大腦就無法愚弄你。感性內心已經解放我們免受束縛，感性內心只會看見沛然充足，因此當你正好一頭熱，也就只會看見沛然充足，你就會像艾蜜莉一樣只看到心中擁有滿腔的愛，毫無保留。

超越恐懼的能力驅動感性內心發揮愛的能耐，正是這道能力讓發揮不僅止於理性大腦，而是理性大腦加上感性內心的能耐成為當務之急。

我有一枝夏筆，我不怕用它

前面提到過的那位在自己的手上寫字，好讓自己不會忘記情緒的患者，她是否能夠應付得來?實際上，她在掌心列出兩點。這段形影不離的文字是：

我自身的價值無可設限。

（譯註：夏筆，SHARPIE，美國萬用麥克筆品牌）

我值得

但是我們不一定總能感受到愛，尤其是對自己的愛。這就是為什麼我要從這裡切入。老實說，若無法愛自己，任何其他型態的愛都無法雨露均霑，或是發揮功能。

屬於理性大腦至上這一派的我們真的就深陷在恐懼泥淖中。我們最先衝著自己來，傾全力質疑、不安和批評。理性大腦總是緊盯著各種錯誤，一心想證明我們的恐懼是真的：我們就是不夠好、無法更好，也永遠做得不夠多。

當我和患者從他們的故事抽絲剝繭，無論我們如何反覆討論細節，最後的結局都是：

> 我的關係就是不可靠，而且我無法決定去留……因為我不相信還有其他人會愛我。
>
> 我「無法」參加派對……因為，誰會想和我說話？
>
> 我的成績一直在下滑，但我不要求助……因為我會浪費教授的時間。
>
> 每次主管打考績時都不會把我升到夢寐以求的職位，所以我就把工作辭了……因為我認為這是一場判斷自身價值的公投。而且我一敗塗地。

也許這些聽起來像是低自尊心的案例。我生下艾蜜莉之前，也會從改善患者的自尊心處理這些問題，我會協助患者找回過去閃閃發亮的人生時光，目的在於強化自尊心。當時我以為，正向自尊心能帶來自信和幸福。

但現在，多虧有了艾蜜莉，我變得更明智了，也了解到這種做法有其缺陷。自尊是有條件的，因此它就成為一道陷阱。當自尊奠基於成功，這就代表另一端連結失敗，於是自尊便會依照最新的勝績敗況上沖下洗。在此，「勝利」意味著理性大腦支配社會地位和認同的所有外部標準，其中智力和成就榮登理性大腦的最愛。這台雲霄飛車是一套長久基於恐懼的設施。

我們所有人一起混淆自尊和自我價值了。自我價值是無條件的，和成功、失敗或任何形式的成果無關，無論你或你的生活出了什麼事，都沒有這台雲霄飛車，你的自我價值不會取決於環境或成就，就這麼簡單。

有一名患者艾美莉亞活潑迷人、技藝超群，但總是置身極度痛苦中，因為她長久以來都坐在自尊心雲霄飛車上。當艾美莉亞還是一名熱愛藝術和體育的普通高中學生時，摯愛的虎爸從未對她的所作所為點頭稱是。有一天，她回到家時，發現書桌上方貼了一道指令：「好，還要更好。」

時至今日，這幾個字依舊重重地壓在艾美莉亞心上。她雖是一名成功的藝術家，卻老是懷疑自己創作成果的品質，老實說，她也不時懷疑自身的價值。

有一天，她坐在我面前宣告：「妳知道嗎？好，……就是好！」

當艾美莉亞學會觀照感性內心而不只是聽從理性大腦時，這才意識到，自己一直以來真心相信，如果不傾盡全力、百分之百付出、犧牲奉獻，那她就是「不夠好」。這不僅是艾美莉亞的腦海始終籠罩在父親的陰影下，更是理性大腦在作祟。

理性大腦總是不願屈身「普通」或「一般」。事實上，它根本僵化了。也因為這樣，它不斷精益求精、力求脫穎而出、比別人更好，而且好還要更好。

對於艾美莉亞而言，內心的對立面開始浮現：她實際上不代表她的作品，而且無論創作成果是好、是壞，出色或不起眼，她自己始終是「有夠好」。不管她創作多麼傑出耀眼，或是外界對她的創作成果反應如何，她都「夠好」了。她的感性內心一直都為她保留這段真心話。每當她開始覺得自己彷彿回到高中時代，坐在上方貼著那張指令的書桌前，它都隨何在旁以便提醒她：妳本身擁有自我價值無極限。人人皆然。你的自我價值是恆久不變、完整無缺，而且無法度量。你擁有它，正因為你就是你。

好，就是好

我有這麼多患者，所以我的工作如下：找出「有夠好」的自我，無論如何都明白，自己是多麼有價值。值得愛，而且最優先也最特別的就是值得自愛。其間的挑戰往往在於，患者就是感覺不到。不相信自己。

這一點與艾蜜莉面臨的挑戰無關。因此我不得不借用其他人的親身遭遇強化自我聲明。

帶著夏筆的患者曾暢談某一點，她寫給自己的聲明套用在任何人身上都行得通，即使不是所有人都願意採用這種短期印記做法。

我建議，即使我不喜歡自己，也應該對自己有同情心。

或者是，即使我不相信自己感性內心傳達的事實，它們仍然再真確不過。

又或者，就算我不相信感性內心傳達的事實，它也不會因此化真為假。

正如我提供所有患者的建議，無須與感性內心傳達的事實爭辯。當你開始一頭熱，它們就在你心中，唾手可得。感性內心會耐心守候。

我採用一項最簡單的變動就是，動了點隱喻手法變更書桌上方那張指令的字句：好，就是好。

理性偏見

掌控毫無條件的自我價值感超出大腦範疇，也遠非理性這道高居大腦第二名心頭好的偏見所及。實際上，它們彼此可能緊密連結。我們比較容易看到理性偏見的好處，因為它是刺激大腦充分發揮的元素之一，直到它成為某件重要事物的擋路石為止。以下簡單陳述何謂理性偏見：大腦運作的前提是事出必有因，所以凡事都屬偶然事件。一旦某件事發生了，那麼這件事就會再發生。這是一套極為重要的信念體系，少了它科學毫無作用，但它就是與某些事情扯不上關係。好比自我價值感。理性大腦這樣想：要是我失敗了，那麼我就會再失敗；要是我做一件事失敗了，那麼我做每件事都會失敗；要是我失敗了，那麼我就是魯蛇。理性大腦可以採取一百種語法分析它，但絕對就是聽不進去感性內心的真理：要是我失敗了，那麼我即使什麼都不是，依然恰如所值、珍貴如昔。理性大腦會繼續鬼打牆。毫無條件？你說的毫無條件到底是什麼意思？每件事都是有條件的！現在我就可以算給你看……。

毫無條件的自我價值感長存心中。所幸，對我們這些多半活在理性大腦世界的人來說，感性內心很知道你的自我價值感，進而為你掌握它、牢記它並保有它。不論禍福、甘苦與共。我們聽隨感性內心領導，才能體驗個人專屬的自我價值感；但即使我們漠視感性內心，它也不曾消失。因此，每當我們重新聆聽感性內心，它也一直都在。

假使你是為人父母，在這道過程中可能占得一些便宜。吉莉安就是一例。她一直想為自己找到恆久不變的自我價值感，卻苦於無法強力主張感性內心的真理。不過當我追問她具體感性內心的真理，而且是否套用在自己兒女身上，她欣然同意。沒錯，無論如何，她的兒女都值得被愛；沒錯，他們都很優秀；沒錯，他們有時候行為走鐘，但不改變他們本身最重要的特質。

吉莉安對自己兒女付出毫無條件的愛，因此每談起這一點，感性內心的真理一覽無遺。她的旅程正是要找出那套輕而易舉就能套用在兒女身上的觀點，同樣用來觀照自己。

我愛自己

感性內心明瞭：不管怎麼說，你就是你，這一點永遠再好不過；感性內心懂得你的美麗、你的優點、你具備無可轉讓的價值；感性內心愛你，無論你有何作為；感性內心愛你，即使你不愛自己。

感性內心明瞭：你是完整個體，完好無缺；你充足、一如你該有的完美，而且你正全力以赴；你已經擁有所需的一切／而且你正是自己所需的一切；你的內心充實圓滿；你恰如所值。

格外重要的是，你值得被珍愛，被別人珍愛、被全世界珍愛，但所有外來的愛都奠基這道基礎上，被你自己珍愛。

因為艾蜜莉住在感性內心的世界裡，對這一切瞭若指掌。她一清二楚：無論她做什麼，無論發生什麼事，結果是成功或失敗，她永遠都是艾蜜莉，而且艾蜜莉永遠恰如所值。艾蜜莉恰如所值正是因為她就是艾蜜莉。艾蜜莉珍愛艾蜜莉，因此對我來說，艾蜜莉會因此珍愛他人，反過來，別人也會珍愛艾蜜莉。

患者帶給我的許多回饋，都深植於不曾掌握這些感性內心的真理。自我價值感恆常不變，但我們看待這項事實的犀利角度則不然。對我的患者而言，無法觸及真理會導出成千上萬道不同的細節，但所有的解藥都是同一劑：愛自己。

不管怎麼說，就是要愛自己，切勿等待。沒什麼好等的，在你開始愛自己之前也沒什麼必要等。你永遠都值得這份愛。一直都是。

自我照護

愛自己的一道方法是採用具體做法妥善照顧自己，基本功好比是正確飲食、運動、走向大自然，並與你珍愛的人共度時光，投入一些燒腦但絕對值得費工夫鑽研的嗜好。

但是，直到你加入感性內心這項元素，才能真正徹底施展力量。實際上，無微不至照顧自己的力量源自感性內心，因為你沒有藉口不這麼做。理性大腦可能會試著反對，說什麼沒時間啦、我還得照顧別人哩、這樣做又不會有任何差別、還有別的事更重要呢……感性內心會發揮自愛能力，再交由自我照護接手。我們若是缺少這種自愛能力，就可能忘記甚至虐待自己，搞不好連自己都還看不清這一點。你曾經推薦某個堅決聽從理性大腦指揮的人自我照護之道嗎？若此，你就知道實際下場如何，就算講到耳朵長繭，他們不做就是不做。

自我接納

「愛自己」這張大拼圖有很多小拼塊，其中一塊是自我接納，但它和同情自己不完全相同，得再加上一點耐性。原諒自己任何已知的錯誤或失誤。我們花了大量精力妄自菲薄；只要試著對自己寬容一些就好。

耐著性子對待所有事物，但首先要對自己有耐性——十六世紀法國聖人聖方濟・沙雷（St. Francis de Sales）

接納自己真實模樣是一處不錯的起點。正如連結他人意味著認真對待「還你本色」

的人，所以愛自己也應該「還你本色」。接納自己真實模樣不代表你不能成長、改變、奮鬥或不滿意自己的某些缺點，但無論如何，決定性的重要態度就是——沒什麼大不了；所有事情都沒什麼大不了。你就是你自己、你處於什麼位置就是什麼位置、事情發生就是發生，沒什麼大不了，無須因此改變你的基本核心，或是對恆久之愛的珍視。

總是嚴密觀察你的理性大腦，無論怎麼看你就是渾身上下全是缺點，感性內心卻是充滿愛意地觀察你，視「缺點」為你的本質。你管理自己的方式取決於你自己。請帶著同情心和接納態度先和你的感性內心連結，讓你那顆更常被需要的理性大腦休息一下。就此而言，獨處是它值得獲取的獎賞！

接納是艾蜜莉教我的第一堂人生課程，沒有它，我看不到存在自己內心、這個世界與艾蜜莉內心的愛。這堂課就是：我們無須修復。或許我們需要改善，但不用做到像是非得達到某種超高標準，才能成為某一家信譽良好的愛情俱樂部會員。

這堂課我學得很辛苦，但現在我知道，艾蜜莉根本無須修復，她也從未嘗試修復。我一樣無須修復。我們已經都很完整、完美、充足。寶貝，我們生來如此。

慈心練習（之二）

對我來說，雖然冥想不完全每次都合用，但我真的滿喜歡正念練習的趣味，一般稱為慈心禪（loving-kindness meditation）。一方面，沉湎於充滿愛意與慈悲之情，同時培養出關愛、關懷與關心能力，感覺還滿不賴的；但是我發現，威力最強大的部分是慈心觀是已經是典型架構好的產物，重點在於，從自身開始做起，然後再向外拓展，涵蓋越來越多的生命和世界。對我來說，這也是感性內心運作的完美方式，因為你將愛自己當作擴大層面去愛其他人的基礎，像是透過我們的親密夥伴對外傳散，直達那些我們不認識或是難以招架的人身上，甚至是動物以及這顆地球。

其中有一道隱晦的困難就是，理性大腦經常扮演愛自己的攔路虎。你該如何專注某一樣自己根本無法充分接觸的事物？沒錯，在那種情況下我也踏不出第一步。我個人的建議是從傳統以我為先的慈心做法做起。當你準備好了，就可以嘗試開始發揮自愛能力，然後向外拓展。不過你可以將直接對外傳播關愛當成第一步。

基本概念是，你複誦幾段簡短的語句，無論是放聲唸或是對著自己說都無妨。每一次你想展開一個複誦語句的新循環，就將注意力集中在一個更大的團體。

一組傳統的語句可能如下所示（請隨意修改短語無妨；人人都可以創作自己的版本）：

願你平安。

願你幸福。

願你生活安適。

請從頭開始，然後心中回想某一名朋友、家人、鄰居、同事或你自己選擇的任何人，然後複誦語句。你可以繼續選擇其他人當成專注冥想的對象，或是你也可以放寬範圍，改變成「願其他人……」、「願天下蒼生……」，或是等到你準備好了，就可以自創其他類型語句，不過初期保持小型循環圈可能比較適合你。要是你持續回頭做這道練習，屆時就可以對外拓展。

隨著你日益嫻熟，對這種具體顯現關愛、同情心和仁慈的方式也變得更加自在，到時候就會動手開闢一條通往內心的途徑。

兩個巴掌才拍得響

我看到，在愛的世界裡，愛的真正超級力量是對著自己而來，還有一種位於光譜另一端的愛，那是一種感受全世界蘊含大愛的體驗。但是當然，在絕大多數情況下，愛都是個人對個人的形式，一如我們的印象所知，而且涵蓋各式各樣本質不同的愛：父母寵愛、浪漫情愛、知己友愛等不一而足。其中多數我想深入的領域，實際上都在前面章節探討連結時闡述了，不過如你所期，當對方陷入困境時，愛會變得複雜，因此我想要在此指出幾道必須小心提防的陷阱。你若是把所有關於感性內心所生之愛的美好事物全都虛擲在理性大腦為主的攔路虎上，那就太讓人遺憾了，除非你自覺頓悟，並因此稍微轉向依賴感性內心，才能避免憾事發生！

一種真正普遍的失策做法是依賴別人向你表達愛意，這項舉動同時傳達兩層意義，一是展現他們對你的愛意，二是昭示愛的涵義或是愛的模樣。當另一個人愛你時，感覺肯定很美妙，而且無論發生在何時、何地，你都應該想盡一切辦法張臂擁抱它。在此得指出另一道過失：當愛衝著你來，你卻無法接受他人愛意或是無法通盤接受。不過你不需要任何人愛你，一樣可以體驗愛，而且絕對不需要假掰的人，刻意採取某種指定方式持續展示他們對你的愛。箇中訣竅是意識到自己內心深處有愛，而且豐沛的程度足以分享自己與其他人。你掌握了感性內心的真理就會看到，全世界處處有愛。無論理性大腦怎麼想，每個人心中都充滿愛。

其他應該要注意的常見陷阱是，愛可能因為採用無濟於事的做法走歪了：

愛如期待。我這麼愛你，你也必須愛我。

愛如交易。我愛你，因為你給我穩定感。

愛如認證。我愛你，因為妳很甜美／因為你說我很甜美。

愛如依託。我愛你，因為你讓我對自己感覺良好。

這些陷阱唯獨理性大腦可以架設，而且還能轉嫁給想要避開陷阱的感性內心。感性內心揭示無形事物的美感，但理性大腦有必要公然對外展示，愛可以交易而來，你若具備感性內心看待事物的眼光，就不會被理性大腦拖下水。在感性內心裡，供應愛意不需要任何條件，接受亦然。感性內心認定你的自我價值感無窮無盡，而且和其他任何人一樣。除此之外，感性內心可以輕而易舉地同時看到你與其他人各自具備的自我價值感，不過，理性大腦確實再怎麼努力也無法同時、公平地看到你與其他人各自具備的自我價值感。所以，你不能依靠它引導你脫離前述的潛在危險。當然，解藥使人心動。

正如我們已經討論過的結論，理性大腦還有其他破壞愛的招數，好比是負面偏見，會使你第一眼就注意到自己和他人的毛病。無論是哪一種方式，箇中焦點都會干擾愛，讓你懷疑自身的內在價值，或是忘記別人的內在價值，反而傾向挑三揀四，就好像是我們自己都沒有這些缺點似的，或者就好像是我們把這種做法當成頭號大事似的。當然，在感性內心裡，愛意味著你接受對方一如他們的真貌，當然也要接受自己的真實模樣！

你需要的唯有愛

許多人擔心脆弱會伴隨愛意而生，因而相信愛會使他們更軟弱，或者無論在什麼情況下都會使他們失去優勢。但其實這是一道根本不存在的問題，不過就是我們的理性大腦自言自語而已。感性內心根本不會浪費任何時間在這種無謂擔憂上。在感性內心裡，你可以輕而易舉地付出愛、接受愛，而且徹底體驗愛的風險與其他一切，這麼做只會讓你變得更堅強。理性大腦因為無法相信你具備永無止境的超大愛人能量，因而拒絕相信你可以做到；但是在感性內心裡，你會體驗到超乎想像的愛、不合道理的愛、永無止境的愛。愛無所懼。

感性內心明白：多數時候，每個人需要的唯有愛。你也是。

第九章

全心全意：自由、和平、奇蹟和喜悅

當我還在絞盡腦汁地苦苦探究如何透過醫學理解艾蜜莉那段期間，曾經請教艾蜜莉的神經科醫生，為何他覺得艾蜜莉很幸福快樂。艾蜜莉當時只有十三歲，所以你就知道，那不是一個幸福總是可以表露無遺的年紀。不過，艾蜜莉卻表現得一派輕鬆快意，給人一種整體幸福感。也就是說，艾蜜莉在各方面看來很快樂，生活過得很幸福。

她也不是成天都樂不可支，從以前到現在她自己都有很多掙扎、挫折和失落。儘管如此，艾蜜莉就像現在一樣，顯然正努力過好她的生活。

為何我覺得艾蜜莉很幸福快樂？醫生往前傾身，以一種醫生對醫生的方式解釋，有點心照不宣的意思。他低語著：「因為她沒有病識感。」

原來是病識感。就在當下，這是我可以認同的說法，很正式、專業的精神病學術語。我會意地點頭如搗蒜表示贊同。是啊，一點都沒錯，患者當然沒有病識感。

在精神病學圈子裡，病識感是一個關鍵詞彙，用以描述一個人察覺自己的健康狀況，以及真正的成因。各方公認，有病識感才是好的，而且得要有它的存在才能醫治。艾蜜莉的醫生告訴我，艾蜜莉很幸福快樂，因為她渾然不覺自己有問題。

從正式醫學的角度來看，專業建議不該如此。患者能夠坦承自己有問題，就比較願意接受幫助。但是，渾然不覺或不「自擁」問題的患者，是能怎樣解決它們？有病識感很好，沒有就不好。

我現在有另一種看法。

我的專業教會我使用專業語言就事論事地看待包括自己在內的每個人。如果我想成為有洞察力的人，我得視自己是一名有問題的人，而且我還得堅守這個有問題的自己，以及我到底是誰的概念。不然我就是全盤否認，變得完全不具洞察力。我必須一直保持這種思維模式，設法察覺到我的問題並想出解決方案。

這個精神病學的中心思想必然會造成的結果是，一旦我解決問題，而且唯有如此，我才能擁有充實而滿足的生活。

現在我看待一切截然不同了。因為我用心在看。

無病識感的洞察力

我百分之百支持更廣泛地使用洞察力這個字。對我、對艾蜜莉，以及對她所能擁有的美好生活來說，這種關鍵洞察力不是要覺察我們的問題，而是對於上天賦予我們的力量和才能，不管是感到豐盈和喜悅的能力，還是充實和真實的自我，都能有所定見，而且不受任何標籤或實際的外觀所限定。

精神病學的病識感仰賴「我們有很多面向」模型，同時涵蓋每個人的長短處、黑暗與光明面。當然，我們對於前述一切都有術語可用。但是，就算以自由與和平為名，我們提及正面特質時幾乎鮮少不夾帶負面特質。

我寧可把每個人視為他們自己本身就已經是完整個體。

許多來找我治療的人主要是透過疾病認識自己。他們會解釋：「我有躁鬱傾向」、「我酒精中毒」，或是「我有強迫症」。他們是生病過程中的某一個時間點進入醫療體系，經歷檢測、診斷、藥物試驗等種種歷程，然後還得聽取疾病的專業語言解說。這一切林林總總堆積起來的結果就是一套奠基在疾病、失調和疾病視角的全新自我認同。一名患者經診斷為臨床憂鬱症，形容自己還在「緩解期」，當時他早已康復整整三年了！一名青少年雖然完全治癒恐慌症，卻描述自己可能有罹患長期精神疾病的風險。患者堅守這種根深柢固心態，背後其實反映出醫療系統的假設，即一旦你患病，只能滿心期待疾病獲得暫時抑制，而且這種病症猶如影舞者，始終潛伏在你的生命中。

對我來說，艾蜜莉式的洞察力比醫學觀點更重要也更有用：我們已經一直坐擁獲得充實有意義生活所需的一切。美好生活不會永遠舒適輕鬆，更不會萬事如意，但它會是涵蓋豐富經歷、趣味盎然的生活；蘊含真理、目標和愛的生活，以及充滿喜悅和奇蹟的生活；同時也是打理一切事務的生活。這是艾蜜莉的禮物：生活本身一如它所代表的美好。

你的感性內心與你如何度過人生最艱困的難關息息相關，而且你知道自己終將需要它。正如美國詩人亨利・沃茲沃思・朗費羅（Henry Wadsworth Longfellow）所言：「每個人的一生都會遭遇風雨。」如果你從未淋濕，就不會有充實的生活。痛苦是其中一部分。就像你不會真的想要一段不曾經歷憂傷的人生。憂傷是愛的表現。不愛則不悲。不悲便不愛。沒人想自尋憂傷，但也沒人真的希望不愛不悲。

當大雨、憂傷或是其他任何痛苦迎面而來，感性內心會賦予你力量、寬慰、慰藉和能力，這就是我們終會安度苦難的方法。這就是我學會當好艾蜜莉媽媽的方法。這也是艾蜜莉待在那副軀體裡，即使拖慢腳步，她也從未裹足不前的方法。

同樣重要的是，感性內心能帶你領略生活中的美好。就像風雨終將到來，喜悅、愛、目標和真理也會降臨。雨過終有天晴，雨後新綠則更顯勃發。

當生活糟透了，感性內心正是你需要的慰藉；當生活棒呆了，它也未曾改變。

除非我們學會，無論好壞都能尋求感性內心的淡然安定，否則我們終將無法發自感性內心安之若素地生活。當你需要感性內心時，千呼萬喚始出來；但也別忘了，當你經歷生命中方方面面更深刻豐富的體驗，也要聽從感性內心指引。

我們之中有太多人任憑理性大腦支配，無法輕鬆到達生活中最具深刻意義的境界。我們若是僅憑理性大腦卻不參照感性內心，就會小看自己和生命。正因為理性大腦就是理性大腦，因此我們得學會轉向感性內心。理性大腦有局限性，在我看來，我終於明白自己不想再亦步亦趨跟隨理性大腦的腳步。全拜艾蜜莉所賜，我的感性內心讓我無須這麼做。

完美患者

我有許多患者都受過高等教育、專業造詣深厚，而且也擁有豐富資源。至少在理論上，他們看起來都像是人生勝利組。

但他們卻自我感覺不良。

有一位博覽群書的患者在對我娓娓道來時，引用美國女作家伊迪絲・華頓（Edith Wharton）名著《純真年代》（*Age of Innocence*）裡的一句話，語出書中人物頓悟，「他已經錯過了人生的花樣年華。」我的病患並不想錯過人生的花樣年華，卻耿耿於懷自己曾有共感。

那些處境和他相同的患者們全都明白自己不虞匱乏，也都不解為何會有那種隱約飄忽的不滿足或空虛感。正如一名患者所說：「我做得好好的，但總是覺得筋疲力盡、一整個萎靡不振，而且有些茫然若失。」說到底，他們自身的優勢似乎就是自己不好過的部分原因，就像是過著闊綽生活的人理當擁有快樂人生，一旦反其道而行，那就暗示某一種個人的失敗，同時也象徵一個大謎團。

這就是我們共同努力想要解開的謎團，但你已經知道一部分解方的關鍵是：往內自省不假外求。無論他們面臨的問題具體情況如何、採用何種療法，患有這種症狀的患者通常具備一個共同點：他們活在一個理性大腦至上的世界裡，反倒與感性內心脫節，而且也已經從任何真正重要的事物轉向真實的核心自我。治療過程中發生的任何其他事情都是讓他們學習將感性內心納入其中，不再單單只聽從理性大腦指令，進而提高他們愛的能力，有目的、有滿足感地過著有意義的生活，即使生命遇到磨難時也能如此。

擺脫形式的自由與自主形式的自由

你往內自省，就會覓得自由。實際上，自由的樣貌千變萬化，其中最主要的一種就是免於恐懼的自由。恐懼是理性大腦特有長處，所以你必須轉向感性內心、擺脫理性大腦的束縛。我喜歡從一個略微不同的角度思考：甩開擋住你的恐懼，移向感性內心。

甩開恐懼的表現方式很多，理性大腦至上的一派都會認可，也會發現它們很有用：

擺脫害怕失敗的自由
擺脫依戀特定結果的自由
擺脫有條件的愛之自由
擺脫永遠有必要行事正確的自由
擺脫凡事都要盡善盡美的自由
擺脫一切力求無懈可擊的自由
擺脫渴望／需要一切都在掌控之中的自由
擺脫迫切需要確定的自由

在感性內心所覓得的美好自由不僅限於「擺脫」這種形式，雖然能夠辦到也算是很了不起了。最棒的自由往往是「自主」這種形式。感性內心就是你可以挖到這些寶的好地方：

創作的自由
信仰的自由
啟發或被啟發的自由
愛人和被愛的自由
做自己的自由
追求對自己最重要事物的自由
自在生活的自由

所有這一切如此令人心動。感性內心的能力賦予你處理最艱困磨難的能力，它得以如此是因為讓你擺脫人生中最常阻礙在前方的各種困難，它們就是各種形式的恐懼。然而，感性內心也渴求我們關注，而且是求之若渴。感性內心的這股殷切渴求推促我們追求生活中真正重要的一切。感性內心並不僅滿足於提供我們工具，雖然它們很可能有助我們改變生活，甚至救人浮屠。不過，感性內心的目的不「只是」想要實現那一點，感性內心的目標是要我們過得好。

我的美好生活也許和你的不太一樣，不過，感性內心就像出色的裁縫師，會幫我們每個人打造最適切的生活方式。每個人的美好生活都會有些共同主題，而且絕對脫不了自由這一點。

寬恕是一種自由的形式

寬恕是一種自由的形式，不論你背負著什麼重擔，它會讓你擺脫負擔所帶來的憤怒、傷害和反感。寬恕不代表遺忘，也不必然意味著和解，更不是贊同你所寬恕的人、事、物。自由可以源於得到寬恕，不過我們對於是否會發生、如何發生以及何時發生並沒有太多決定權。因此，我要談的是寬恕之道。

理論上來說，我們所有人都應該著眼於它所承諾的自由，進而想要原諒。正如人們常說，寬恕是放過自己，而不是其他任何人。既定受益人是你自己。

但實際上，寬恕反而像是好事多「磨」。

所謂的「磨」幾乎總是歸結為理性大腦的問題。理性大腦善於追蹤可能需要寬恕的人、事、物，但是寬恕是一道感性內心的能力，理性大腦單靠它自己永遠無法寬恕，這令它如鯁在喉，並一再端出許多不願寬恕、絕不放下的理由。即使它筋疲力盡或深受不願意寬恕所苦也寧死不屈。

我在工作期間從患者身上發現，寬恕完全催不得。如果你想要寬恕，就會按照自己的時間表進行。這樣就對了。一方面，當某件事讓你又捲入情緒的龐大漩渦時，寬恕就只是一道緊迫盯人的話題追著你跑。感性內心深知：最好不要評斷這些情緒，單純只要靜靜看著並感受它們就好。與此同時，倒也不必像把問題掃進地毯下方那般眼不見為淨。寬恕確實有必要靜候佳音。

你唯有因為懷恨在心卻得到虐心回報，也就是變成受害者，躲進反芻思考深受重傷的情緒迴圈裡，因而害怕繼續向前，這時才可能打算考慮寬恕。鬆綁僅需一秒鐘，而且這一刻你會發現，自己再也不感到憤怒，或者壓根兒沒想到傷害的感覺是多麼美好。光是這一步就可能足以為你開闢一條新路。

另一道大腦可能會誓死抵抗的執念就是，我永遠是對的，意思也就是別人都是錯的。感性內心則認為，我可以是對的，你當然也可以。理性大腦卻無法理解。

如果你還沒準備好要寬恕，或是不確定自己是否準備好了，不妨先設想一下，不願意寬恕會如何影響你的生活。不好不壞？不時干擾？讓你心力交瘁？引領你繼續前進？這道分析也許會在理性大腦中完成，但如果你希望分析結果幫得上忙，至少要讓感性內心本尊評估為宜：我真的被傷透心之後，度過一段不願意寬恕的時光。但是現在我還需要繼續這樣生活嗎？我還要再犧牲什麼？對我來說，現在這麼做還是個好辦法嗎？走到今天這一步，我還想要改變什麼嗎？

無法放手、不願意寬恕，並不代表失敗，只能說理性大腦就是理性大腦。理性大腦害怕任何損失、改變和脆弱，即使好比放下怨恨這種損失其實會讓它更心安。放手很難，因為它要承擔難過，甚或是憂傷的風險，也就是結束或改變你與生氣對象之間的關係；你也可能會覺得自己在感到受傷這件事上像是舉白旗投降，或者根本就是承認錯在於己。告誡理性大腦停止不願意寬恕，其實無法斬斷這道念頭，寬恕非得越過理性大腦，深入感性內心，才能找到這麼做的勇氣和理由。

因此，倘若你仍糾結於不願意寬恕，卻又想擺脫理性大腦至上指引的方向，改走更平順的坦途，一旦正確時機到來，下一步就是檢視是否有任何具體理由攔阻你寬恕。如果你能認清路障本質，也許就能移除它；雖說誰也無法擔保，但你要是根本就看不清，肯定別想一掃而空！或許你還做不到站在他人的觀點檢視整件事，但也有可能是你從未試過這麼做；又或者你根本就是覺得，堅守這份憤怒是讓你現在還能撐下去的唯一動力，它們就像是在為你加油一樣；再不然就是你太留戀這種高高在上自以為是的感覺；但也有可能是你害怕這段關係會生變；最後是搞不好你根本已經不確定，過去發生的事情是否還值得原諒。簡單提示：永遠值得原諒。那是因為寬恕不會裁斷發生過的事情。寬恕不是贊同，只不過是讓糾結已久因而帶來反作用的不良情緒煙消雲散。

當你準備好要寬恕時，你自然而然就會寬恕，而且這種感覺說來就來；但是，假使你親眼目睹懷恨在心正引起反效果，那麼你就得捫心自省，自己是否可以做好準備了。一旦你在某個時間點搞定憤怒、仇恨和這種生活方式，你就會知道時機到了。

思想實驗

試試這項思想實驗：看看你是否可以在你不願意寬恕的人身上發掘人性。想像一下他們所有行動背後的處境。這個人快樂嗎？他們是否曾經在困境中掙扎？他們本身是否有些問題？他們曾經歷過一段受傷或受辱的時期嗎？

再想想你對這個人的期待。你是否視她為獨立的個體，而且她擁有自己認定的優先順序和局限性？

請聚焦在你所發掘的這一絲人性，即使只有片刻也無妨。請留意你的怨恨有何改變。是否有絲毫動搖？即使只有那麼一會兒？

感性內心渴求平靜

感性內心也渴望平靜，我的意思不是說感性內心永遠可以波瀾不興，因為根本不可能。但是感性內心卻是最能讓你回歸平靜的聖地，它是唯一的途徑，反而是理性大腦壓根兒不想出力幫助你回復平靜。唯有你讓感性內心引領在前才辦得到。

感性內心永遠有能耐力挺它推動你邁向這道方向的渴望。因此，感性內心將發揮幾種特定能力幫你創造平靜：

感性內心幫助你在混亂處境中找到平靜這個最冷靜的角落。

感性內心鼓勵你做自己。當你裝模作樣、東施效顰時，平靜便遠在天邊。

感性內心減輕問題帶來的災難，但是理性大腦卻會突顯它。感性內心會縮減問題的實際規模。當理性大腦讓你信以為真，眼前的問題有如山崩地裂，即將摧毀你的人生，感性內心卻深知真相：無論問題有多艱鉅都有其極限，大可不必賠上你的人生。我發現，感性內心最受用的地方在於，光是打消許多問題的資格就能大幅縮減我的問題清單。理性大腦會瘋狂囤積，但感性內心幾乎不受影響，它只關注那張簡短的清單，也只正視那些與你認定意義深遠的天大要事有關的議題，而且它還會視若無睹一切有損自尊、煩惱、麻煩，以及短暫的挫敗感。

感性內心不理會全世界向你抛出的「應該事項」，而是深知你選擇走一條自己的路。你做出的選擇不是因為身為好友就「應該」這樣做，或是身為好老闆就「應該」那樣做，或是身為好媽媽就「應該」這樣做，或是身為乖兒子就「應該」那樣做，而是因為你決定自己真正想做的事、想成為什麼樣的人。傾聽外人說三道四的「應該事項」，其實是剝奪自身平靜最佳之道。

感性內心堅持記住不堪回首的記憶，至少是毫無幫助的事；感性內心記不住教訓，歷史對它來說只是模糊的印象。唯有當下這一刻才是感性內心的主戰場，所謂當下這一刻就與過去、歷史和怨恨毫無關連，因此是回復平靜的好日子。反之，理性大腦是記憶魔人。每當你受到指責，或是有人意見與你相左，或是無視你的意見時，它都會巨細靡遺地一一記錄爭論的細節。有點像是擺脫不去的執迷念頭，縱使可以平心靜氣，它通常也不會情願就此放過。唯有當我們淡忘死記舊傷這檔事，才有機會獲得平靜。

此刻，一切都好好的

我發覺，阻礙自己感覺平靜和放鬆的最大絆腳石就是腦海裡所有的「應該事項」。即使我在休息時，理性大腦也轉個不停，「我應該工作，」「我應該清潔壁櫥」，「我應該更有生產力。」我為了擊敗這一長串破壞平靜的「應該事項」，於是提醒自己要記得：「我就算什麼事也不做，一切都好好的。這些世界還是如常運轉！」這些話將我從腦海裡的「應該事項」解放出來，讓我在當下奢侈的平靜裡安之若素。

這根本不是問題

我有一名患者一聽到計劃大型家庭活動就會莫名激動、緊張、拖延、抱怨個沒完……

最終還搞得方寸大亂。這場活動是為了慶祝一項偉大的里程碑，進一步來說，還是一道長年以來沒人說得準它是否會實現的里程碑。但它竟然就這麼實現了！親朋好友從四面八方遠道而來，打算攜手同慶！

正如她對我解釋，她學著大聲說出來。這根本不是問題。每當她開始偏離軌道時，就要自己這麼說。她是獨自一人組織這場大活動，所以你可以想像她究竟要說上多少次。大聲說出聲明能讓她明白這些話的真義，足以將理性大腦擻在一旁，改以感性內心觀照。她可以聚焦歡樂的場合、處理所有煩瑣的細節，而且安然度過即使這麼多家庭成員旋風式拜訪，並提供一大堆「有用」意見的混亂時期。光是重覆這七個字就足以為平靜闢出一條坦途。

當你面對任何威脅干擾平靜的事物，請用心確認。捫心自問這算是什麼問題嗎？像我的話還會再問一句：艾蜜莉會這樣想嗎？交通打結？不是問題；大排長龍？不是問題；沒人餵狗？問題大條了。

「現在問題大條了！」這正是艾蜜莉在這種情況下會脫口而出的遣詞用字。我很喜歡這句話，因為它立即重塑幾乎所有其他顯然不是問題的事物，無論理性大腦多想為它們冠上問題的大帽子。

我會這樣告訴你，原因是在於感性內心並非解決問題的神奇法寶，但也不是掩耳盜鈴的自欺工具。的確有一種基於感性內心的做法讓你在問題出現可以坦然承認並好好面對，而且這套做法還是經過艾蜜莉測試而成。現實往往只是，多數時候當我們磨刀霍霍打算上場殺敵，前線無敵軍。

這時這句話便派上用場了：這根本不是問題。

生活處處是奇蹟

所謂生命不在於我們呼吸幾口氣，在於那些令你屏氣凝神的瞬間有多少回。——無名氏

以這道標準來看，艾蜜莉的生命算得上是達標。艾蜜莉時不時就會大呼驚奇、嘆為觀止。這在意料之中：它們原就存在感性內心，她自身亦然。這也並非巧合，大呼驚奇、嘆為觀止不在理性大腦的舒適圈裡。

不過，艾蜜莉輕易就能觸及感性內心的渴望，箇中真正祕訣是她如何在平凡生活中發掘它們，而不只是在目睹奇觀或盛大場面才如此。當你立足山頂遠眺或沉浸在自己喜歡的現場音樂演出時，很容易就嘖嘖驚嘆。但艾蜜莉不偏好等待某種高峰經驗，而是不錯過每個小日子的驚嘆和奇蹟。例如，當交通尖峰時刻已過，她會驚嘆路面大開：「媽媽，我們自由了！」她體驗某種新口味之後也會如此。

感性內心憧憬帶有強烈渴望的驚奇與驚嘆體驗，我認為，其間強度源於你所驚奇和嘆服的事物以某種方式與互有關連的感覺相互重疊。當我通常深陷忙亂生活，無暇旁顧時，

有時候我會強迫自己花點時間仰望夜空。每當我這樣做總是會感受到瞬間悸動，因而沉浸在全然忘我的屏氣凝神中。

一位患者告訴我，當她和伴侶一起走上街，對方牽起她的手那一刻，她哭了。他們年輕時代的約會時光早已遠去，現在雙方少有表達這種親密感的時刻。所以，這一幕讓她突然不知所措：故人依舊、相依依舊，深情依舊。她形容，自己好像突然從自動駕駛的模式中甦醒過來，婆娑淚眼就是與情感重新連結浩大、清晰的體現。當然也包括感性內心。

我向艾蜜莉借用一句個人最喜歡的口號：「喔，哇塞！」艾蜜莉每天時不時都會大叫：「喔，哇塞！」我猜想，大部分理性大腦至上的人和艾蜜莉相較之下，他們可能連自己上一回真情流露大聲喊「哇塞！」是麼時候都記不得了。我這可不算是挖苦。

有時候，我會刻意計算使用這個語助詞的次數，因此從這場實驗中學到幾件事：一、如果你想找「哇塞！」就會發現「哇塞！」；二、當你發現「哇塞！」，就會找到感性內心。「喔，哇塞！」是觸及感性內心的絕佳工具，而且那些令你屏氣凝神的「哇塞！」時刻就像離心機一樣：它的旋轉力道強大到讓你足以甩開當下不那麼重要的一切事物，正中你感性內心裡的紅心。

驚喜！

感性內心不會抗拒驚喜。並非所有的驚喜都能採用這種方式行得通，但是驚喜可能是通往奇蹟的大門。驚喜是理性大腦必須抵禦的眾多事物之一。理性大腦得防範意外發生，但這樣做等於阻隔所有驚喜。如果你不納入感性內心，很容易錯過美好的驚喜。

要是有什麼驚喜正在暗中進行，理性大腦便會準備好要聽到解釋。理性大腦喜歡萬事通的形象，所以你嚇不了它。它早知道了！它早就已經料到這一點了！它摩拳擦掌就是在等這個早知道！理性大腦才不會承認天有不測風雲。舉個小例子說明你就是腦力全開：每當什麼意外發生，你應該會像我那位理性大腦至上的好老公。我可以指望葛瑞格會說出「我沒有覺得意外。我想過，那件事有可能會發生。」你聽到自己的嘴巴吐出這句話時就知道理性大腦正在作祟。

但是，如果真的有什麼事讓人大呼意外，那又是怎麼一回事？感性內心欣然接受驚喜，因為會有意想不到、新鮮又新穎的想法和妙事隨之湧現。這些就是「啊哈（aha）時刻」。它是啟發生命、好奇心和創造力的源泉，棄舊納新的契機。它也是你的奇蹟之鑰。它貨真價實讓人嘆為觀止。

當我老公帶著「智慧型個人數位助理」回家時，我真的超討厭它，就像是又一種剝奪人性的科技產品出現在我的生命中。對於家裡冒出這樣玩意，我的基本謝詞就是：不謝！

但不代表我攔截成功。

然後有一天清晨，當鬧鐘響起時，把我從熟睡中震醒。我向葛瑞格抱怨，千百般不願離開被窩。「等一下，」葛瑞格說完便下令：「Alexa／Google／Siri（編註：各式語音軟體的名稱），開機了。」你瞧怎麼著！百葉窗就這麼自動升起來，柔和的光線照進我們的臥室，當下我還懶洋洋躲在被子裡。**啊哈**，我所能做的事就是微笑說：「真是太完美了。」因為它是一道完美的驚喜、一項奇蹟、一套個人專屬的清晨神奇魔法。我根本沒看到它已翩然降臨。這是最棒的地方！

犯錯

你也許會發現：理性大腦至上者喜歡站在對的那一邊。而且，除非你是正確的，還是全世界有史以來最正確的人，否則你絕對就是錯的。獎勵分數還能斬釘截鐵地證明，你是對的，同時其他人都是錯的。理性大腦愛死這個了！

艾蜜莉真的很愛犯錯。對她來說，這是一道學習新事物的機會，總是棒呆了，而且還鼓舞我們所有人都應該發揮這種讚嘆的能力。她會咧嘴笑說：「媽媽妳看！我錯了！」然後超級興奮地證明她錯了。這種方式餵養她的好奇心，而且讓她在發現新事物時無不萬分驚嘆，而她也喜歡暗藏其中的驚喜。

這是徹頭徹尾的感性內心。感性內心不怕出錯，不像理性大腦一樣簡直是怕死了。感性內心實際上歡迎錯誤，因為這是學習、成長和體驗驚嘆連連的機會。

犯錯比你想像還容易。練習說出：「喔，等一下，我錯了。」尋找適當的場合說出來。承認你以往出過錯。「我的媽呀，我錯了！」或者也可能是這樣：「結果原來我竟是數位智慧型個人助理的粉絲。」犯錯就像嘗試你慣常不會做的事一樣，需要花點時間適應，但是你可能會發現自己原來那麼喜歡它。

喜悅

你若想充分體會快樂的滋味，得找個人分享才行。——美國文豪馬克・吐溫（Mark Twain）

我相信，多數理性大腦至上的人們過著缺乏喜悅的生活；負面思考、憤怒和憂慮……說來就來，但喜悅難得。我有過缺乏喜悅的生活經驗，因此絕對寧可採用艾蜜莉的方式過生活。也就是感性內心的方式。

艾蜜莉輕而易舉就感受到喜悅。你可以從感性內心獲得更多喜悅，因為你只會看見更多喜悅，而且你會注意到更多令你快樂的事。同時，也因為你可以細細品味這些樂事。而且因為你不再單單只從自己的好運中感受歡喜。你可以發自內心從其他人身上捕捉到這種感覺。這一切將慢慢累積：你會有更多的喜悅。

喜悅不是永無止境。如果你老是嗨翻了，沒完沒了地嗨翻了，那種感覺就完全不是喜悅。喜悅是一種強化的狀態，但是，它不僅保留用於大型、珍貴的特別活動，像是一場婚禮或兒女生日。日常中處處有喜悅，簡單愉悅也有喜悅，同聲歡笑同樣有喜悅。

甚至置身困境中也會有喜悅。就好比在葬禮上分享珍貴回憶，或是被裁員後全然沉浸於你所狂熱的嗜好中。或者，就像我兒子重病住院時，我們全家在這段時間裡發覺玩「對不起」遊戲時所有人都捧腹狂笑！

如果你仔細瞧，喜悅無所不在，你得放任感性內心瞧個仔細，因為喜悅不在理性大腦的待辦清單上。理性大腦擁有其他優先選項，可能不只是錯過唾手可得的喜悅，實際上無論如何都會排除或嘲笑它。反倒是感性內心永遠為了接納喜悅存在。感性內心關注喜悅。

你的心理需求獲得滿足時會感到喜悅，例如兒童足球比賽當天突然寒風刺骨，你有幸借到一件運動衫；也有所謂助人為樂與歡喜被助，就像是搬家當天朋友突然現身，或者你就是那位朋友。被他人理解會感到喜悅、收到真誠謝卡時會感到喜悅，親愛的朋友完成長途旅行返家時張臂歡迎也會感到喜悅。平淡中也有喜悅，就像發現你最愛吃的麥片終於上架一樣。

當你實現感性內心的渴望時，喜悅即會到來。活得有目的、有真理、有連結和有愛會帶來喜悅。與自由，和平與奇蹟共生共存一樣也會。

成為最好的自己是一種喜悅。做自己也可以是。

感性內心善於經歷無可限量的喜悅，因為它拙於算計。感性內心不像理性大腦，無法依照事物的稀有性、數字成本或社會利得定出一道價值。感性內心揭開無形之美。對感性內心來說，一切都是無價之寶。因此，感性內心會在片刻瞬間和微小奇蹟中感受喜悅。例如你那十幾歲正值青春期的女兒說出「我愛你」、嚴苛慣老闆道聲「謝謝」，或是在一場累到虛脫的賽跑後瞬間鬆懈。

現實情況是，喜悅不會天長地久，但只要用心體會，轉瞬即逝也無妨。感性內心會細細品味這段美好片刻，陶醉其中，而非緊緊巴著它，也不會把時間花在洗衣服或其他事。

畢竟有些事本身壓根兒就不喜悅！感性內心會泰然看待喜悅淡去，因為它知道會有下一次喜悅，也知道還會有許多次。

理性大腦不會對喜悅買單，但感性內心深知每個人都能擁抱喜悅。它原生於感性內心，與我們同在。我們天生就滿心喜悅、做好喜悅的準備。理性大腦會自行開發許多粉碎喜悅的活動，好比我們即將探討的比較、內咎和接納，因此我們可能得遠遠避開它。唯此，我們所有人都可以發自感性內心地自由體驗與生俱來的喜悅。

練習暫停：尋找完整全貌

感性內心唯有被引導進入理性大腦的世界才能火力全開。你若想見證它，就必須投入整體自我加以觀照。

如果你只啟用理性大腦就只能看到部分環節。你若未曾用心檢視，就算使勁全力也只是像瞎子摸象或是以管窺天，無論你看到什麼都是不正確的結果，因為你看到的事物不完整。直到復得全貌之前，你的感知終將徒然。

你若想提升資訊品質，就要改進情蒐能力。設想自己投入整體自我，感性內心與理性大腦都要派上用場。

對我而言，行得通的做法就是大聲說出口或是對自己說，我想要看清全盤。說真的，這道提醒自己希望如何前進的話語通常都會奏效。它促使我思量，我真的看清全盤了嗎？透過感性內心和理性大腦這對雙眼細加檢視，到底真實情況為何？

感性內心為生命帶來好事

我們的一生中總會喜逢不計其數的最美好事物，幾乎都只有在我們發自內心地好好活著時才能擁有，包括前幾章提到的各項主題，例如力量、勇氣、韌性、希望、真理、自我知識、目的、意義、連結、歸屬感和愛，再加上本章幾大重點，包括和平、自由、奇蹟和喜悅。不過我不想忽視這些廣闊遠景為美好人生帶來的許多組成要件。我說的是稍後即將深入探討的玩樂、歡笑、學習、心懷感謝和簡單樂趣，當然，感性內心為你帶來的美好人生要件清單還長得很。少了感性內心，我們就會錯失冒險、友善、耐心、同情心、靈感、慷慨、親密、創造力、接納和熱心助人。你若是任憑理性大腦引領在前，很難一窺堂奧，甚至無緣一見。我一直想說的重點是：也要選擇發揮感性內心的作用。

玩樂

玩樂多好玩，只要知道怎麼玩！——蘇斯（Seuss）博士所著《戴帽子的貓》（*The Cat in the Hat*）

為什麼再也找不到好玩的事了？這道問題正是許多人發現自己的人生若有所失的第一件事，也是他們轉向感性內心探求自我的第一步。它是一道你絕對應該留意的訊息。探求感性內心讓你可以發掘理性大腦中找不到的樂趣。全心工作、無暇玩樂是一種根深柢固的人生哲學，無論在什麼情況下，都無視「聰明人也變傻」的後果。

感性內心則是顛覆這套模式，反向沉浸於玩樂、歡笑和任何活潑有趣的事物。艾蜜莉是玩樂大師，所以我也努力在這方面向她師法。有時候艾蜜莉和我一起在附近散步時會棄走改跑，興高采烈地沿著我們的路線蹦蹦跳跳往前行。當艾蜜莉的年紀已經「大到不適合蹦蹦跳跳」，以前這一幕會讓我尷尬得不知所措，後來才慢慢能坦然微笑感受女兒由衷散發的喜悅……這是我的人生一大轉變。我必須學會發自感性內心享受這些短途行旅。（值得注意的一點：歡樂具有感染力。找樂子的其中一途是與他人同行。）

所以請容我說清楚：這是負責任的成年人渴望、追求而且樂在其中的美好事物。找樂子合情合理。要是你很想知道的話，其實有時候我得自學人生課程，不然就是讓艾蜜莉教我一手。找樂子值得優先考慮，你的心聲會這麼告訴你。

找樂子毋庸置疑也是一場心靈體驗。要是你想要轉換心境，找一種可以樂在其中的方式才是良策。沒錯，這種情形有點像是雞生蛋、蛋生雞，但要是你剛好很懂得找樂子，卻很不擅長有意識地傾聽心聲，這條路就是你的路。你可以試著回憶往日的歡樂時光，體會感性內心感觸，這麼做有助你學會隨心所欲傾聽心聲。

情緒高昂不必然總是興味盎然，但興味盎然總能讓你情緒高昂。

歡笑

歡笑始自感性內心。你情緒高昂時發笑很容易，但仔細想想：其實不然。我們感性內心深處有許多記憶不容笑談，而且我們的真心也絕不容許任取他人的遭遇當笑哏。不過，當你放聲大笑時通常就代表你興致高昂；而且假若你曾在一團糟的窘境下還能突然爆笑，就能體會心智的偉大能耐，即是儘管置身艱難時期，仍能為感性內心找到釋放與表達的出口。本質上它和淚腺運作的機制相當，即使你正怒髮衝冠或驚懼害怕，都能連結你與感性內心情感；反之，理性大腦對好笑的事相對無感。

當你刻意學習將運作機制從理性大腦轉向感性內心時，試著感覺自己將可能置身何種情境會有所助益。要是你可以想起以前發生過的捧腹大笑橋段，或是你與朋友一同歡笑的時光，或是某一次突然莫名發笑的經歷，就會喚醒一種常駐心頭的感覺，還有一道定下未來目標的正確方向。

這些是我熱愛的幾樣事物

感性內心提供通往簡單樂趣與物質享受的路徑，當作一場心靈體驗。理性大腦可能因為它們轉瞬即逝、微不足道便視而不見，但是你會發現，我絕不做如是想。要是這麼做可以讓你綻放微笑或備感溫暖，我會說，那就放手做吧。感性內心知道它們是打造美好人生的部分而非完整要素。你可能不會樂見，美好人生的總和就只有穿著睡衣狂嗑甜筒冰淇淋或是卯起來追劇的體驗，但也不代表做這些事毫無價值。

艾蜜莉十分享受其間的簡單樂趣，而且總是懷抱超棒的正向心態品味、拓展個人經驗。她從品嚐第一口熱呼呼的起司醬義大利麵到最後一口，都完全浸淫其中的喜悅，因為每一盤起司醬義大利麵都能讓她整個人活躍起來。她不僅僅是大快朵頤時從不評論這麼做「有害」，或「不應該」耽溺其中，對她來說，美味可口的義大利麵顯然就是這麼好吃、有料又稱得上有重要意義，根本無須任何有條件的判斷。我從艾蜜莉身上學到的祕密之一就是，人生最大的收穫就是單純享受簡易的事物。

最近，葛瑞格設計一份「九分鐘義大利麵」食譜，結果在網路上瘋傳。他和我都沒有欣喜若狂，因為它就只是黏呼呼的糊狀物，而且我們還花了一餐時間徹底分析食譜中哪些環節算是成功、哪些算是失敗，就好像我們是理性大腦至上的專家。我在熱烈討論期間轉向詢問艾蜜莉個人觀感，她的回答是：「我愛死了！」我們也都愛，但是艾蜜莉可不僅是喜歡而已，她是熱烈喜歡。「我喜歡」基本上就是指你曾經喜歡過，但此時此刻你的經驗已經成為過去式，也就是你心有旁騖了。不過艾蜜莉表達現在進行式的時態，所以她不只是喜歡而已，而是一直這麼喜歡、熱烈喜歡，就像熱愛游泳或吃吃喝喝一樣。「葛瑞格，你現在在幹嘛呀？」「我正在吃東西啊。」「艾寶貝，妳現在在幹嘛呀？」「我正在狂愛啊。」我也是。

學習

我只做那些我不會做的事情，這樣我才能學會怎麼做。——荷蘭畫家文森・梵谷（Vincent van Gogh）

學習的精妙、愉悅之處就是感性內心最棒的禮物之一。理性大腦是了不起的學習機器，但是在我們的理性大腦中，學習意指獲取、組織資訊，然後用以適應競爭和生存的手段。所有學習成果都盡忠職守。不過，在我們的感性內心裡，學習的主題截然相反。感性內心充滿好奇、願意冒險，而且力求進步。對我們的感性內心來說，學習事物純然酷炫、簡單而且輕而易舉。學習也是你的成長方式，堪稱感性內心關注的另一道主題：成長，以及隨之而來全然簡明的經驗（這是學習和成長的基本要素）。

理性大腦預期的學習代表正確、專業，不容犯錯，但感性內心解放這種模式，因為它坦然自處於不求甚解的單純或「愚真」狀態，這是理性大腦永遠達不到的境界。實際上，不求甚解感覺棒透了，因為那意味著你可以自己想出答案！不求甚解是學習的好機會，感性內心最喜歡這種做法了。

感性內心賦予學習另一種自由：學習任何你渴望事物的自由。無拘無束。對你來說，沒有什麼主題、領域或做法可謂不合宜，行不通或不值得你費心，也沒有什麼事物不值得你追求；反之，在我們的感性內心裡，也沒有什麼事物是你非得學會不可、非研究不可，或非負起責任不可。

心靈學習不僅是最振奮人心的舉動，也是最富成效的行動。當你動手學習真正對你重要的內容時，成果最出色。你對計畫、主旨、團隊與使命所懷抱的熱情越強，就越能做得有聲有色。那股熱情就像那些你真正覺得重要的事物一樣只能自省而得。

如何直達感性內心：犯錯

犯錯或許稱得上是感性內心最中意的學習策略與成長機會。艾蜜莉將錯誤稱為「意外」或「笨笨錯」。她不會浪費任何時間關注錯誤，反而多半是彌補錯誤，為下一次先學會教訓，然後繼續前進。

「哎呀。」艾蜜莉在毫無自我意識的情況下宣布自己犯下的錯誤，也不覺得這樣有什麼大不了的。真是的，她將事件發生標記為非預期結果，但就是沒有判斷自己是否犯下錯誤。

「我真是犯傻了。」感性內心就和艾蜜莉一樣，即使需要莫大勇氣也會很快就掌握並承擔所有發生問題的責任。這是艾蜜莉個人專屬的作風。

就在我們大夥兒一整個驚呆，連忙試著彌補，以免窮擔心最糟狀況將接著發生之際，艾蜜莉卻淡定地說「沒關係啦」，好似犯錯不是每個人都免不了的行為。艾蜜莉用這種方式免除我們多數人在犯錯時都會產生的負面觀感，但同時她也學著怎樣可以「正確」失敗，也就是說，犯一種會讓自己變得更好的失敗。然後把這種經驗收在心中。無論理性大腦企圖說服你相信什麼事，它都不會扼殺你。

相信

若有人認同理性思維無法完全解釋的任何事物，理性大腦至上一派通常會對此抱持審慎懷疑的立場。他們尋找唯獨可以具體證明的事實，而且往往是絕對肯定非做不可的事。但是，人類會從相信某件事比自己更偉大、更重要的這種行為衍生出重要意義，好比我們認為與他人連結、承諾世界和平或者是幫助動物或環境的重要性就凌駕自我之上。對許多人來說，這股「更強大」的力量代表宗教或精神信仰，不過它們並非唯一形式。這種信念的能力最重要。

心懷感謝

承認你人生中已經擁有的事物，這正是一切富足的基礎。——靈性作家艾克哈特·托勒（Eckhart Tolle）

心懷感謝的片刻適時提醒你眼前的美好人生，感性內心瞬間就能接收領會。就我所見，這一點卻讓許多人裹足不前，因為他們想破頭也無法明白為何「應該」銘感五內，也就找不出激發感謝之情或愧疚之意的緣由。還有些人體認到，心懷感謝其實是老套、被迫或是毫無意義的情感；也或者他們多少有點猜疑，心懷感謝就好似某種小孬孬的表現。反之，我們非但不會因為牢騷滿腹良心不安，根本就是一開口就抱怨連連！

有時候，做不到心懷感謝合情合理。感激之情要不是一開始就被誇大了，就是被濫用來壓抑感受或是粉飾困境。感性內心對這些用途全都不以為然。

錯置和濫用感激最令人感到遺憾，因為唯有它是真切合宜時，才能化為感性內心的強大體驗，並順勢帶來莫大好處。所幸，感性內心知道何時該感恩、何時不該感恩。最近有一名患者正好提醒我這一點。她為痛苦的回憶泣不成聲，於是我建議她，也可以想想從那時起生活變得有多好。「但我還無法停止傷心，」她詫異地抬頭看著我說，「就讓我傷心個夠吧。」

錯位、倉卒的感激之情，再加上翻白眼或是「喔，拜託！」的回應會發生，都是因為心懷感謝超出理性大腦所及的能力。一旦正確的時間點出現，體驗真摯感激得轉由感性內心接手。當你只是任由理性大腦發揮功能時，就不會心生感激之情。理性大腦專注計算負擔有多重而非恩賜有多少。心懷感謝差不多可以說是無腦之舉，你不妨這樣想：先犯傻才會心懷感謝！

感性內心致力於看清楚每一件事的完整性，雖然意味著經歷痛苦、悲傷和憂傷，但也代表著感受我們生命中的良善充沛豐盈。我們擁有的一切、我們經歷的體驗，還有我們生命中的過客……一旦你起了頭，這張清單往往是落落長。

真摯感謝帶來莫大好處，一大票優質研究支持這套論點。由衷地心懷感激可以增加幸福感和樂觀心態，也可改善身心健康以及人際關係。

當感恩看似合宜卻難以企及時，請銘記，心懷感謝正是你得主動為之，而非被動等待發生或神蹟顯現的事。有時候它就是憑空出現了，無論如何請抓住這道時機；但是你也可以有意識、定期練習感激，以便創造有利條件。對於那些有意練習感激的患者，我發現當作清早醒來的一件事或入睡前最後一件事的做法最受歡迎。我個人喜歡晨練，因為這是讓我在高速投入全新一天前便喚醒感性內心的做法，有助於我牽制自己偏向僅憑理性大腦思考、急驚風和過度操煩的習慣。

你可以採用各種不一而足的方式練習感恩，但是，你想怎麼做或是你到底為何要感恩都都無所謂，重要的是關注自己確實付諸行動。請試著留意你通常不會停下來思考的事，並要求自己感激它：拉鍊有多麼好上手！試想一下：水龍頭！輪胎！皮膚！

你可能會想嘗試的另一道選項是，思考「此時此刻，什麼是正確的事？」這門課題。理性大腦的注意力正轉向其他地方，也因此，我們通常更容易想出不完美的事物。你若想回答這項問題，就得深究感性內心。聚焦看起來還可以的事物，結果可能會是撼動觀點的重大改變。

今天誰助我一臂之力

艾蜜莉幾乎每天都會問我這道問題，她總是熱切地咧嘴微笑，回想起一長串對她伸出援手的人，像是老師、公車司機和「自助餐女士」。難道你還看不出來艾蜜莉發明一種感恩練習？也像是一種社會聯繫的形式？她與他人分享各種發現，比起知道別人正在留意你還可說是更美好的事！我超愛她把重點放在誰讓她開心，而不是什麼事讓她高興。

所以現在我也列了一張待辦感謝清單。我不會自問「該感激什麼？」但我不是說這樣做有任何不妥之處！我只是想自問「今天誰助我一臂之力？」答案清單上可能是在我公忙之餘替我顧家的艾絲黛拉；或者是葛瑞格，因為他發送一個網頁連結給我，點開後發現是一篇精彩評論，探討一部英國廣播公司（BBC）製播的犯罪影集。但我要感謝的對象不一定都是我認識的人，好比「那些鋪路的無名英雄，現在我總算能在沒有坑洞的馬路上開車了。」無論如何，這種練習都會帶來豐足感。

沒有它們就更有餘裕

全心全意過生活不僅嘉惠我們的生命，還可以掃除許多「少了它們，我們就更有餘裕」的事物，其中有一些形塑前面幾章的主幹：確定性、受忽視或不受控的情緒，以及不健康地聚焦個人經驗中的正義問題等幾大需求。當我們內自省，也會消弭許多想法，包括委屈、比較、乏味、恐懼失敗、擔憂、倦怠、控制、怨恨、依戀特定結果、想讓事情悖離事實，以及稍後將會討論的適應和服刑這兩大重點。所有這些事不僅令你沮喪，也會干擾你接近所有美好的事物，讓你要不是無福消受就是看不到、感受不到自己實際上正浸淫其中。你其實可以擺脫這些大包袱，全力以赴爭取生命中的美好事物。

理所當然

「爸爸回來了！」艾蜜莉大叫，葛瑞格下了通勤火車走路回家，她一看到父親踏上車道便欣喜若狂。葛瑞格進門時，她簡直是蹦蹦跳跳地衝去前門迎接。「爸爸，你回來了！」任誰看了都會覺得，她對這件天天都發生的事也太高興了一點。

這正是艾蜜莉忠於感性內心過生活的例子，把每一天的相聚都變成一回特殊場合，她放任自己的舉止和態度打造專屬的喜悅。她抓住葛瑞格每天回家那一刻，將它變成像是家人之間的某種連結、幸福和驚喜，任意揮灑在平淡的一天當中。

我們很多人都任由這種時刻從指縫中溜過，這一點都怪理性大腦作祟。心理學家稱之為適應，在科學色彩淡薄的圈子裡則稱為「理所當然」。我們的理性大腦讓自己習慣眼前發生的事件反應常規，以至於這些例行事務不再引起我們關注。

當事情出包了，反倒是一套絕佳計畫。適應是我們理性大腦內建的系統，自動運轉，而且未經學習，以便我們從災難事故中復原；它讓我們即使歷經重大破壞也能再爬起來重新生活，就算身陷喪失之痛也可以繼續向前進，甚至還能想出正面看待損失的方法。

不過另一方面，適應也會讓我們即使目睹美好事物依舊冷眼以對，這種淡漠是幸福感、滿足感和充實感降低的禍因。我的訓練從未涉及適應的這一層面向，但我認為它比前述功能更重要。艾蜜莉對適應的這一層面向天生免疫，因為她忠於感性內心過生活。我們其他人若不樂見這層面向發生，可能要花點功夫轉向重視感性內心。我知道自己就是這麼做。你若想做到這點，首先就要了解自己容易受到這道現象影響。

灰色鏡片

有一名患者潔妮來找我，劈頭就抱怨「一天到晚都覺得不快樂」。當我向她一一提問，以便填完醫學上稱為「病史」的表格，潔妮回答老是覺得麻木、傷心、心不在焉又百無聊賴。她過著自己夢寐以求的生活，卻不曾浸淫其中。她戴著灰色鏡片描述自己注視世界的感覺。對她來說，一切看來都像蒙上一層灰似的沉悶。她告訴我：「上一次我感到高興的時候，是當我發現丈夫還活著。」

沒看到灰霧臨頭。

潔妮告訴我一則故事：每天下班時間她都會去火車站接丈夫艾倫回家，但是有一天艾倫卻沒有出現。他不在每天都會坐的那班火車上，接下來的兩班火車也不見蹤影。潔妮打電話、發簡訊、寫電子郵件給他都沒有回音。她急得幾欲發狂。最後她打電話給警察求救。幾個小時內，他們發現他還在城內，被痛毆到不省人事的程度。救護車、警方報告和醫院相繼接力終於把艾倫送回家。丈夫返家一事，讓愛意、感謝和喜悅一下子湧上潔妮的心頭。她丈夫回到家了！

艾倫花了一段時間康復，潔妮則是下班後就隨伺在側。儘管她每天都深陷在煩人或難搞的雜務中，但依舊滿懷幸福感。她心上的一塊石頭落地了，打從心底感謝艾倫活下來。這種情況持續好幾週，當艾倫重返職場，這份款款深情每天同一時間都會襲向潔妮：親眼看著艾倫走下火車越過月台和她一起搭車回家。她丈夫回家了！

但為時不久。在潔妮形容的灰色鏡片如薄紗一般輕輕蓋下之際，這一則幸福甚至是喜悅的故事已成昨日黃花。火車站的溫馨接送情逐漸褪色變成另一件日常瑣事。潔妮坐在車中檢查簡訊和電郵，一邊思考著與他無關的事。她甚至幾乎不曾注意到火車進站。接著，她開始對開車去火車站的例行工作滿肚子火，尤其是會讓她讀書會遲到或是錯過最美好瑜伽課的夜晚。什麼事破壞她的喜悅？潔妮的理性大腦正誘哄右腦回到它習慣的定點，不再同意每天與丈夫重逢是值得喜樂的事。它適應了，卻稱不上是好的、有用的方式。

艾蜜莉的理性大腦不要適應，但不是因為她的理性大腦無法適應，而是因為她直接採取行動減少逕自適應的枯燥乏味。她僅憑一己之力就把日常相聚妝點成特殊場合，藉此為自己製造喜樂，更別說她為別人創造的幸福了，也就是說，父親從她洋溢幸福、滿心愛意地大呼小叫「爸爸回家了！」中得到力量。

我和潔妮一同探索，她丈夫在可怕的意外發生後重返職場，每天如常回家，是什麼因素干擾她享受與丈夫之間的互動，並尋找各種方式重啟原本每天都油然而生的溫馨感，而非放任日子一天天流逝卻無動於衷。潔妮想出一套拋開灰色眼鏡，深究感性內心並重新找回多采多姿的生活。這是我們每個人感受、體驗、感知和全心全意過生活的同時，還能抵抗理性大腦趨向沉默或漠視的方法。

對潔妮或是多數人來說，納入感性內心只是有益的一環，其間輔以包括心理藥理學和治療等各種傳統療法並用。自從艾蜜莉這盞明燈出現以來，我一直與潔妮這樣的患者通力合作，發揮感性內心以及蘊含其中的自癒力對抗適應。這種適應在我們過度依賴理性大腦時，尤其容易出現。

服刑

理性大腦和感性內心對時間的感知各不相同。感性內心獨立於時間之外，理性大腦始終聽命時間。我們會說囚犯正在「服刑」，但有時我還挺納悶的，我們正在做的事似乎也沒什麼兩樣。如果任由理性大腦的狹隘觀點支配我們，那麼時間就可說是苛刻的主人。

理性大腦老是警覺時間不夠用，而且還很怕浪費時間。時間就是敵人，一路走來都會關上每一扇門。理性大腦克敵制勝的方式就是把握每一秒瘋狂進攻，盡其所能地排入各種活動。理性大腦忙得很，既然你已經自己說出口了，不妨也知道，這是你可以分辨理性大腦至上一派者的重要方式。他們總是有做不完的事！

然而，這是一種錯誤的緊迫感，它造成的一連串妨礙簡直沒完沒了，以至於甚至一通只是想要問候的好友來電都被視為浪費時間的叨擾。你若是生活在理性大腦標準時間裡，舉凡活在當下、好友相聚、與家人共進晚餐、躺在吊床上放空一個午後、充分品味個人經歷等都將因此被摒於門外，留下的往往是不耐煩、疲憊、睡眠不足、憂慮和太過忙亂。

不過，感性內心提供無邊無際、奢侈享用的時間體驗，宛若怎麼揮霍也用之不竭。這種說法比較像是一種「隨心所欲」的充裕。當然，時間本身並無改變，改變的是你對時間的感知，這一點影響你的幸福感甚鉅。

感性內心對時間漠不關心，因此在感性內心的場域中時間有幾條通行方式。一條是心理學家所說的心流。當你進入這種狀態時就會有所感應：你對某項活動興趣盎然或是充滿熱情並身心完全投入，以至於不察時間流逝。你的精神碼表消失了。在心流裡的時時刻刻都是特別體驗，例如一本好書會讓你廢寢忘食、激烈的體能鍛鍊、與好友促膝交談、彈奏樂器或繪畫或追尋自己喜歡的創作等。這些都是感性內心標準時間，在此，時間早已無關緊要，直到體驗過後你才會恍然一驚，時間怎會無聲無息過得如此之快。

感性內心鬆綁時間，讓一個人放慢腳步和靜候不動，這些是必需技能。如果不至少偶爾慢下來、靜下來，你便無法投入反思、放鬆或發揮感同身受的能力。理性大腦不會有時間做任何意味著慢下來、靜下來的事，這會大幅阻礙感性內心贈予我們的關鍵好處。

同理，當你感到時間緊迫時，就好比始終倚靠理性大腦運作，某些感性內心能力便將難以顯露。研究顯示，路人如果行色匆忙，比較不會停下來幫助街上顯然受傷的人。你從自身經驗就可以體會，在匆忙中要表現忍耐、友善或憐憫簡直難如登天。你上次與兒女／伴侶／室友／毛小孩吵架是你特別想要準時出門，還是穿著睡衣在家中悠閒度過飄著細雨的週六早晨？沒錯，我想像有些理性大腦至上的人一想到要在家中度過一個悠閒的週六早晨就萬分驚恐。你可能會在健身房！你可能正在割草！你要是沒有這麼強大的生產力，那就穿著你的睡衣吧！

感性內心還有另一項與時間相關的重要能力，即它可以採取正面積極的方式試驗時間。理性大腦的時間旅行穿梭在過去和未來，製造出焦慮和後悔，排除某些災難和有著必然可怕後果的故事；但是，感性內心會為了正確看待問題和時間打交道。感性內心對五年內的可能性持開放態度，時間長短不成問題，到頭來事情終將已經解決或毫不相關。這個重大轉念可避免你陷入永久、不可逆轉和無解的問題泥淖。

當然，感性內心是「就在當下」的自然歸宿，具備事發當時對正在發生的情況加以注意，以及不妄加判定的能力。感性內心願意在時間的課題上掌握這項重點，這會讓人們對好事心懷感激，並放手那些負面或其他不必要的負擔。

越來越高

在我的專業實務裡，過去僅聚焦破壞性行為的症狀和模式，而且，我確實必須一直優先處理患者的醫療問題或是具危險性的問題。我始終想要確定自己能幫助患者減輕痛苦。但是，當疾病本身不在首列，我認為拉高目標完全合理。我想幫助我的患者重視自身運用感性內心的長處和力量的能力，配合理性大腦一同處理人生的重大苦難。在一切可能的情況下，我不想看到人們原地踏步，錯過相結合感性內心、理性大腦的方式，創造並支持生活中最美好、最核心的事物。也就是真正美好的事物！

現在，如你所知，我的目標不在於令所有人都能時時刻刻感受幸福，因為無論如何都不可能辦到。研究顯示，人們寧可選擇體驗現實生活，而非不中斷的幸福假設。萬一你想多了解一點，我稍微說明一下。這是一場思想實驗的研究，因為研究人員無法實際建構這樣的世界。他們要求參與者想像自己連上一台電腦，其間提供某一種可以永久提供個人幸福的程式。有時我們把快樂視為一種速記符號，草草地抓住幾道重點就好。你為了找到自己滿意的人生，需要基本的幸福感，過著美好生活的感覺，把生活過得精彩充實，發掘生活的意義並實現自我。尋找喜悅！再花點時間想想挑戰、失去、挫敗感以及偶爾來一場一敗塗地……你的人生美好嗎？

我想讓患者參與這場探索之旅。這套調查方法幾乎總是讓患者裹足不前。這不是他們希望深究的領域，而且他們通常一開始甚至沒有能力處理這種情況。他們當然從來沒聽過精神科醫生這樣提問。實際上，這道問題讓許多人感到困惑。我認為這是一道至關重要的主題，因為很多人根本答不出來。

何苦等待？

我相信，每個人出生時都過著感性內心至上的生活，但是我們大多數人，甚至只是孩童，都很快就落入理性大腦至上這個世界陷阱中受其制約。我也同意，很多人隨著年紀漸長就會回歸感性內心，尤其是邁向生命盡頭之際。我想說的是：何苦等待？

家母就是晚年才轉向感性內心的人之一。我眼中的她一直是理性大腦至上者，她是個規劃者、行動者，也是慣於擔憂者，因此從不浪費時間。她為人可靠、處事有擔當，這正是她的風格與付出的方式。感性內心至上的作風完全不是她的菜。

接著，我沒料到的事發生了。她去世前我曾幾回探訪，有一次家母突然轉過身來握住我的手，然後說：「艾米，妳真是貼心。我真的好愛妳。」此情此景前所未見：家母表現出感性內心至上的一面。我從未聽過她這樣說話。就在那一刻，家母散發強大的愛和母女之間深刻的情感張力令我激動得不知所措。

全心全意地過生活將帶來生命大豐收！如我所言，何苦等待？

我們大可不必苦等，感性內心蟄伏在我們所有人之中蠢蠢欲動。無論你是否敞開心胸迎向感性內心，當你真正需要時，它會讓你看見。就像艾蜜莉確診後，我苦苦思索如何當她的媽媽時，感性內心讓我恍然大悟。容我覆述一次，何苦等待？我們可以隨時隨地就為自己張臂擁抱感性內心的力量。關鍵在於，知道感性內心就在我們身邊，明白我們想要依賴它，同時也打算這樣做。

對理性大腦至上的人來說，這些都不是輕而易舉的作為，但對每個人而言都可行，無誤。

在《綠野仙蹤》（*The Wizard of Oz*）這則故事的最後，桃樂絲感到一陣恐慌，因為答應帶她回家的巫師已拋下她自行出發。她擔心自己將永遠無法回到堪薩斯州。這時好女巫格琳達現身解釋：桃樂絲一定能回到家，而且有了那雙紅寶石鞋，她從頭到尾都有能力做到。桃樂絲需要的只是學習喚醒自己原本就擁有的力量。

我們每個人都必須為自己想清楚如何即知即行，我們所有人也都必須捫心自問，感性內心希望我怎麼做？因為它能帶我們聚焦施力的重點，也就是核心自我的最關鍵之處。學會探究感性內心的最佳主張是，生活難免經歷痛苦和喜悅、擔憂和驚喜、進化和停滯、掌控和失控。你若想過得充實就需要感性內心。任憑理性大腦專斷而為便意味著，遭逢困頓時會更難熬。成長蛻變之時是折磨，錯過或無視人生的顛峰，同時活得越來越渺小而索然無味。

感性內心是你建構完整自我的基本元素。你深入探究感性內心、歡迎它並探索它，將使理性大腦與感性內心找回平衡，進而成就圓滿充實的生活。請善加運用感性內心，不管是它所提出的反直覺觀點、歡欣鼓舞的能力、感知自我的力量、美麗和價值，還是它在你經歷人生所有高低起伏時，提供你愛人並助你愛人的能力。這就是全心全意過生活，這就是美好人生。

我這輩子都在殷殷期盼學習感性內心的教訓，如果沒有艾蜜莉，我可能永遠達不到感性內心的彼端。她出生時，我根本無法想像，未來的日子裡究竟有多少次要自問「艾蜜莉會怎麼做」來下決定？但是，我現在就是如此。

有一天，我正在電腦前忙得不可開交，艾蜜莉停在身旁問我在做什麼。我說出以前根本不敢在任何人面前大聲說出口的話：

「我正在寫書喔。」

忠於感性內心的艾蜜莉總是充滿好奇：「關於什麼的書？」

「艾寶貝，我在寫一本關於我從妳身上學到多少東西的書。」
「喔！妳需要我提供一些意見嗎？」
當然啊，艾蜜莉。我肯定需要。

高寶書版集團
gobooks.com.tw

新視野 New Window 205

心的刻意練習

快樂、美好、有意義的人生不只來自「腦力」，而是需要「心」的力量

The Power of Heart: When and How to Get Out of Your Brain

作　　者　艾米・布洛赫
譯　　者　吳宜璇、周玉文
特約編輯　林婉君
助理編輯　陳柔含
封面設計　林政嘉
內頁設計　賴姵均
企　　畫　何嘉雯

發 行 人　朱凱蕾
出　　版　英屬維京群島商高寶國際有限公司台灣分公司
　　　　　Global Group Holdings, Ltd.
地　　址　台北市內湖區洲子街 88 號 3 樓
網　　址　gobooks.com.tw
電　　話　(02) 27992788
電　　郵　readers@gobooks.com.tw（讀者服務部）
　　　　　pr@gobooks.com.tw（公關諮詢部）
傳　　真　出版部　(02) 27990909　行銷部 (02) 27993088
郵政劃撥　19394552
戶　　名　英屬維京群島商高寶國際有限公司台灣分公司
發　　行　英屬維京群島商高寶國際有限公司台灣分公司
初版日期　2020 年 4 月

國家圖書館出版品預行編目（CIP）資料

心的刻意練習：快樂、美好、有意義的人生不只來自「腦力」，而是需要「心」的力量 / 艾米 . 布洛赫著；吳宜璇，周玉文譯 .-- 初版 . -- 臺北市：高寶國際出版：高寶國際發行，2020.04

面；　公分 . -- (新視野 205)

譯自：The power of heart : when and how to get out of your brain

ISBN 978-986-361-817-1 (平裝)

1. 心理衛生　2. 自我實現　3. 生活指導

172.9　　　　109002654